essentials

Essentials liefern aktuelles Wissen in konzentrierter Form. Die Essenz dessen, worauf es als „State-of-the-Art" in der gegenwärtigen Fachdiskussion oder in der Praxis ankommt, komplett mit Zusammenfassung und aktuellen Literaturhinweisen. Essentials informieren schnell, unkompliziert und verständlich

- als Einführung in ein aktuelles Thema aus Ihrem Fachgebiet
- als Einstieg in ein für Sie noch unbekanntes Themenfeld
- als Einblick, um zum Thema mitreden zu können.

Die Bücher in elektronischer und gedruckter Form bringen das Expertenwissen von Springer-Fachautoren kompakt zur Darstellung. Sie sind besonders für die Nutzung als eBook auf Tablet-PCs, eBook-Readern und Smartphones geeignet.

Essentials: Wissensbausteine aus Wirtschaft und Gesellschaft, Medizin, Psychologie und Gesundheitsberufen, Technik und Naturwissenschaften. Von renommierten Autoren der Verlagsmarken Springer Gabler, Springer VS, Springer Medizin, Springer Spektrum, Springer Vieweg und Springer Psychologie.

Werner Sauter · Anne-Kathrin Staudt

Kompetenzmessung in der Praxis

Mitarbeiterpotenziale erfassen und analysieren

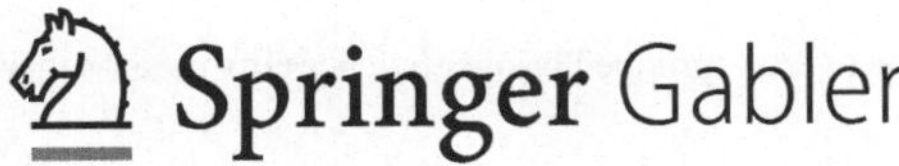

Werner Sauter
Blended Solutions GmbH
Berlin
Deutschland

Anne-Kathrin Staudt
R&S The Competence House GmbH
Köln
Deutschland

ISSN 2197-6708 ISSN 2197-6716 (electronic)
essentials
ISBN 978-3-658-11903-4 ISBN 978-3-658-11904-1 (eBook)
DOI 10.1007/978-3-658-11904-1

Die Deutsche Nationalbibliothek verzeichnet diese Publikation in der Deutschen Nationalbibliografie; detaillierte bibliografische Daten sind im Internet über http://dnb.d-nb.de abrufbar.

Springer Gabler
© Springer Fachmedien Wiesbaden 2016

Gedruckt auf säurefreiem und chlorfrei gebleichtem Papier

Springer Fachmedien Wiesbaden ist Teil der Fachverlagsgruppe Springer Science+Business Media
(www.springer.com)

Was Sie in diesem Essential finden können

- Sie erfahren, warum bedarfsgerechte Lernsysteme im Kreislauf der Kompetenzentwicklung zwingend erforderlich sind und warum Persönlichkeitstests dafür nicht geeignet sind.
- Sie lernen die Formen und Verfahren der Kompetenzmessung kennen und können sie anhand von Qualitätskriterien bewerten.
- Sie bekommen praxiserprobte Hinweise zur Gestaltung der Auswahlprozesse für Kompetenz-Messsysteme.
- Abschließend erhalten Sie einen Einblick in ein umfassendes Praxisbeispiel der Kompetenzmessung.

Vorwort

Kompetenzentwicklung zielgerichtet gestalten

Unternehmen müssen dafür sorgen, dass die richtigen Mitarbeiter mit der richtigen Kompetenz an der richtigen Stelle eingesetzt werden.[1]

Die notwendige Voraussetzung für gezielte Kompetenzentwicklungs-Prozesse bildet die Kompetenzmessung, auf der die individuellen Lernprozesse aufbauen können. Kompetenzen, die Fähigkeit, Problemstellungen selbstorganisiert und kreativ zu lösen, schlagen sich immer in Handlungen nieder. Sie sind keine Persönlichkeitseigenschaften. Kompetenzmessungen schließen deshalb vom aktuellen Handeln auf vorhandene Handlungsfähigkeiten, nicht auf verborgene Persönlichkeitsmerkmale.

Noch immer werden in zahlreichen Unternehmen und Organisationen jedoch wunderbar objektive, reliable und valide Persönlichkeitstests eingesetzt und von versierten, testtheoretisch bestens geschulten und statistische Methoden perfekt beherrschenden Psychologen zu einem Maßstab von Personalauswahl und Personalentwicklung gemacht. Dagegen gibt es ernsthafte Einwände.[2]

Die Anfänge der Kompetenzentwicklung gehen auf McClelland zurück, der bereits 1973 feststellte, dass Eignungstests und Intelligenztests nicht ausreichen, um das tatsächliche Potenzial einer Person zu erkennen.[3] Die sehr stabilen Persönlichkeitseigenschaften sind für Unternehmen viel weniger interessant als die zuweilen schnell veränderbaren, trainierbaren Handlungsfähigkeiten in Form von

---

[1] FAZ 19.02.2015.

[2] Erpenbeck und Hasebrook (2012), S. 227–262.

[3] McClelland (1973).

Kompetenzen.[4] Zudem ist der Schluss von Persönlichkeitseigenschaften auf Handlungsfähigkeiten fragwürdig.

Der beste Prädiktor für zukünftiges Handeln, und damit für Kompetenzen, ist vergangenes Handeln.[5] Das „Handbuch Kompetenzmessung" fasst etwa 50 etablierte Messverfahren zusammen.[6] Als Königsweg zur Kompetenz erweist sich mehr und mehr die kluge Kombination qualitativer und quantitativer Verfahren, sogenannte hybride Verfahren.[7] Im Zentrum steht dabei meist ein Rating, d. h. eine skalierte Abfrage von Kompetenzen, die im jeweiligen Kompetenzmodell mit Hilfe von Handlungsankern festgelegt werden.

Gegen Ratingverfahren gibt es bei klassisch psychometrisch ausgebildeten Psychologen große Vorbehalte. Aber „unter gewissen methodischen Voraussetzungen sind solche Verfahren das einwandfreie Mittel der Wahl"[8].

Diese Kompetenzmessverfahren haben entscheidende Vorteile. In vielen Fällen gibt es kaum eine Alternative, die dem Untersuchungsgegenstand angemessen wäre.

Der Zielfindungsprozess führt dazu, dass die Überlegungen aller Beteiligten sich primär um die Kompetenzentwicklungsprozesse in Praxisprojekten und den Austausch von Erfahrungswissen drehen. Damit wird bereits heute kompetenzorientiertes Lernen in Netzwerken ermöglicht.

Damit geht ein Wandel der Lernziele, weg von einheitlichen Wissens- und Qualifizierungszielen hin zu Kompetenzzielen, einher. Deshalb werden zwingend effiziente Erfassungssysteme für Kompetenzen benötigt, die es den einzelnen Lernern ermöglichen, ihre kompetenzorientierten Lernprozesse selbstorganisiert zu gestalten.

Kompetenzmessung findet nicht im luftleeren Raum statt.[9] Sie sind Teil und spürbarer Ausdruck einer Kultur im Unternehmen. Es wird eine an der individuellen Entwicklung von Mitarbeitern angesetzte Kompetenz-Diagnose benötigt, die eine selbstorganisierte Kompetenzentwicklung ermöglicht.

---

[4] Vgl. Hossip und Mühlhaus (2005).

[5] Erpenbeck (2012), S. 3 f.

[6] Vgl. Erpenbeck und von Rosenstiel (2. Auflage 2007).

[7] Erpenbeck (2009), S. 79 ff.

[8] Wirtz und Caspar (2002), S. 3.

[9] Lang-von Wins (2009), S. 281.

Die Systeme sind entwickelt. Die Herausforderung besteht darin, geeignete Kompetenz-Messsysteme sinnvoll in Kompetenzentwicklungs-Arrangements zu integrieren.

Berlin und Köln   Werner Sauter
im April 2015   Anne-Kathrin Staudt

Inhaltsverzeichnis

Ziele der Kompetenzmessung

1

> *Die Messung von Kompetenzen ist eine prioritäre*
> *Aufgabe, um das lebenslange Lernen Realität werden zu*
> *lassen.*
> (Kauffeld 2006, S. 10)

Kompetenzmessungen, die es den Mitarbeitern ermöglichen, über ihre eigenen Kompetenzen zu reflektieren und den individuellen Entwicklungsbedarf abzuleiten, sind die notwendige Voraussetzung für kompetente Mitarbeiter und damit für wettbewerbsfähige Unternehmen. Voraussetzung dafür ist, dass diese Kompetenzmessungen regelmäßig erfolgen und in den Führungsprozess integriert sind.

1.1 Kompetenzen sind keine Persönlichkeitseigenschaften

Wir gehen im Folgenden von einem Kompetenzbegriff nach Erpenbeck und von Rosenstiel aus, der sich in unserer Praxis sehr bewährt hat, weil er sich an den realen Problemstellungen im Betrieb orientiert, als Zielorientierung für die Mitarbeiter und Führungskräfte dienen kann und weil diese Kompetenzen wirtschaftlich erfasst werden können.

Kompetenzen sind Fähigkeiten, in offenen, unüberschaubaren, komplexen, dynamischen und zuweilen chaotischen Situationen kreativ und selbstorganisiert zu handeln (*Selbstorganisationsdispositionen*).[1]

Kompetenzen sind damit Teile der Persönlichkeit, aber keine Persönlichkeitseigenschaften.[2] Persönlichkeit ist die allgemeinste Bezeichnung für die Gesamt-

---

[1] Nach Erpenbeck und von Rosenstiel (Hrsg.) (2. Auflage 2007).

[2] Erpenbeck und Hasebrook (2012), S. 61 ff.

© Springer Fachmedien Wiesbaden 2016
W. Sauter, A.-K. Staudt, *Kompetenzmessung in der Praxis,* essentials,
DOI 10.1007/978-3-658-11904-1_1

heit der Möglichkeiten, die eine Person verwirklicht hat. Nur wer Persönlichkeit einbringt, wagt es, Entscheidungen zu treffen und Standpunkte einzunehmen. Es ist jedoch nicht möglich, eindeutige Indikatoren zu finden, mit denen die Persönlichkeit vermessen werden kann.

Kompetenzen schlagen sich immer in Handlungen nieder, sie sind Handlungsfähigkeiten.[3] Kompetenzen beziehen sich dabei immer auf selbstorganisiertes Handeln. Viele Messverfahren versuchen, Persönlichkeitseigenschaften zu erfassen, um daraus Rückschlüsse für künftiges Handeln abzuleiten. Dies ist aus mehreren Gründen nicht möglich:

- Es gibt unzählige Persönlichkeitstheorien und entsprechende Messverfahren. So listet das Zentrum für psychologische Information und Dokumentation über 7000 Tests auf.[4] Dies führt zwangsläufig zu differierenden Ergebnissen.
- Die Verfahren sind sehr inkonsistent, so dass sie teilweise völlig verschiedene und unterschiedlich interpretierbare Ergebnisse, teilweise sogar entgegengesetzte Persönlichkeitsprofile, liefern.
- Von Persönlichkeitseigenschaften kann nicht auf Handlungsfähigkeiten, also Kompetenz, geschlossen werden. Selbst wenn die Eigenschaft der Extraversion[5] zu 90 % mit einer hohen Akquisitionsstärke gekoppelt wäre, kann die Auswahl nach Persönlichkeitsmerkmalen dazu führen, dass man an einen der 10 % gerät, die für Akquisitionsaufgaben völlig ungeeignet sind.
- Persönlichkeitsmerkmale lassen keine Rückschlüsse auf zukünftiges Handeln zu. Deshalb bauen Kompetenzmessungen auf der Analyse bisherigen Handelns auf.

Kompetenzmessungen können im betrieblichen Kontext damit grundsätzlich auf zwei Zielbereiche ausgerichtet sein:

- *Ermittlung von individuellen Entwicklungspotenzialen* in selbstorganisierten Kompetenzentwicklungsprozessen
- *Bewertung von gezeigten Kompetenzen*, z. B. in Praxisprojekten oder im Prozess der Arbeit.

Kompetenzerhebungen können in vielen Bereichen der *Mitarbeiterentwicklung* eingesetzt werden:[6]

---

[3] Erpenbeck und Sauter (2007), S. 63 ff.

[4] www.zpid.de.

[5] Extravertierte Charaktere empfinden den Austausch und das Handeln innerhalb sozialer Gruppen als anregend, sie sind gesprächig, aktiv oder enthusiastisch.

[6] Vgl. Erpenbeck (2009), S. 38.

- Eignungsdiagnostik
- Personalauswahl
- Potenzialanalyse
- Beurteilung von Mitarbeitern
- Nachfolgeplanung
- Prognose beruflichen Erfolgs
- Entscheidung über Personalabbau

Mitarbeiter erhalten mit Hilfe regelmäßiger Kompetenzmessungen die Möglichkeit, ihre Kompetenzentwicklung, in Abstimmung mit Lernpartnern, mit Lernbegleitern und Führungskräften, selbstorganisiert zu planen und zu steuern. Deshalb nutzen sie die Kompetenzmessungen insbesondere in folgenden Bereichen:[7]

- Reflexion des aktuellen Entwicklungsstands
- Orientierung für die berufliche Weiterentwicklung
- Perspektivenbildung
- Selbstorganisierte Kompetenzentwicklung

Das Unternehmen kann über eine unternehmensweite Kompetenz-Diagnostik eine *Kompetenz-Map* entwickeln, die ein strategisches, kompetenzorientiertes Personalmanagement ermöglicht. Diese schafft Transparenz über die vorhandenen und notwendigen Kompetenzen im gesamten Unternehmen. Sie zeigt, welche Kompetenzen insgesamt im Unternehmen vorhanden sind, welche Mitarbeiter bzw. Mitarbeitergruppen welche Kompetenzen in welcher Ausprägung besitzen, welche Mitarbeiter welche Kompetenzen nutzen und welche Kompetenzen im Unternehmen brachliegen.

1.2   Kompetenzmessungen im Kreislauf der Kompetenzentwicklung

Kompetenzen setzen zwar Wissen und Qualifikation voraus, aber erst bei der Lösung von realen Herausforderungen werden Werte verinnerlicht, interiorisiert, die den Kern der Kompetenzen bilden. Deshalb kann Kompetenzentwicklung nicht im Seminarraum erfolgen (Abb. 1.1).

Eine gezielte Kompetenzentwicklung ist nur möglich, wenn Kompetenzen in einer Weise gemessen werden, deren Ergebnisse von allen Beteiligten akzeptiert

---

[7] Ebenda, S. 39.

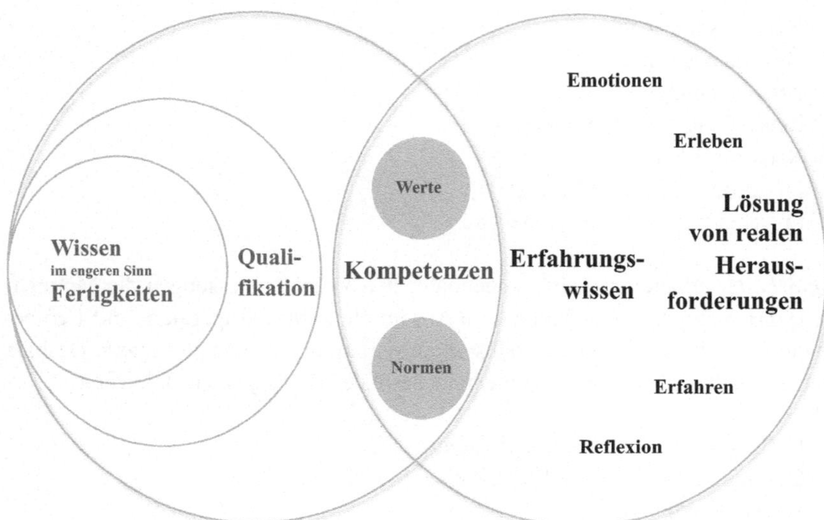

Abb. 1.1 Kompetenz – mehr als Wissen und Qualifikation (In Anlehnung an Arnold und Erpenbeck 2014)

werden und die als Grundlage für die gemeinsame Definition der Entwicklungsmöglichkeiten dienen. Wir gehen dabei davon aus, dass Kompetenzen nur anhand der tatsächlichen Performanz – der Anwendung und des Gebrauchs von Kompetenz – gemessen werden können. Das gilt jedoch für die meisten psychologischen Konstrukte wie Begabung, Intelligenz, Kognition, Motivation usw.[8]

Die wesentliche Aufgabe des Kompetenzmanagements besteht darin, einen *Ermöglichungsrahmen* zu entwickeln und laufend zu optimieren, der individuelle Kompetenzentwicklungsprozesse im Prozess der Arbeit gewährleistet. Dies bedeutet, dass die Lerner ihre didaktisch-methodische Entwicklungsplanung in diesem Rahmen selbst verantworten (Abb. 1.2).[9]

Eine bedarfsgerechte Kompetenzmessung ist damit die notwendige Voraussetzung für eine gezielte Kompetenzentwicklung im Prozess der Arbeit und im Netz. Ausgangspunkt der Kompetenzmessung sind die Unternehmensstrategie und der Werterahmen, der das Handeln aller Mitarbeiter prägt. Deshalb benötigt jedes Unternehmen ein spezifisches Kompetenzmodell. Daraus werden aufgabenspezifische Soll-Kompetenzprofile abgeleitet.

---

[8] Erpenbeck und von Rosenstiel (2007), Einführung S. XVIII.
[9] Vgl. Sauter und Sauter (2014).

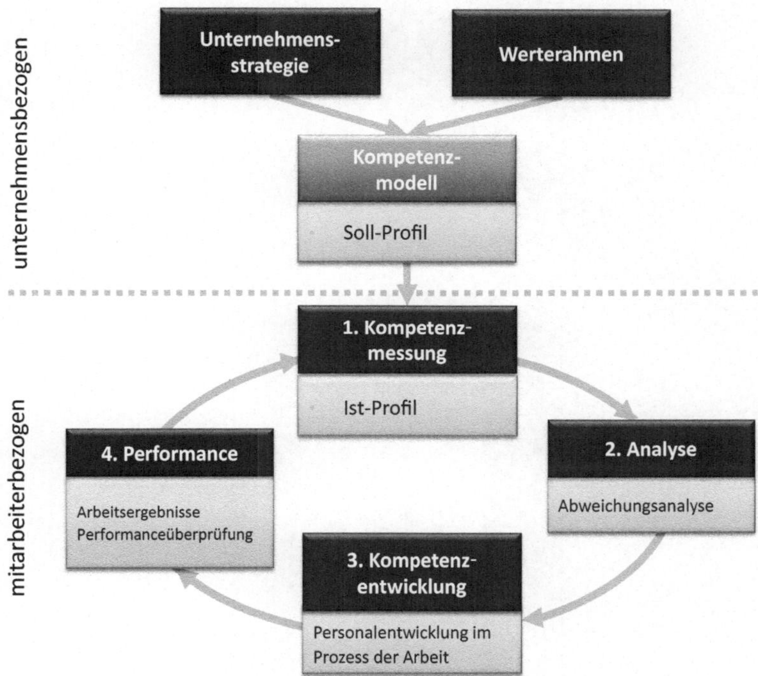

Abb. 1.2 Kompetenzmessung im Kreislauf der Kompetenzentwicklung

Neben der Kompetenzmessung im engeren Sinne sind bei vielen Unternehmen bereits eignungsdiagnostische Verfahren im Einsatz. Deshalb untersuchen wir neben den Methoden zur Kompetenzmessung im engeren Sinne auch die eignungsdiagnostischen Verfahren unter dem Aspekt der Kompetenzmessung, auch wenn sie den Anforderungen einer Kompetenzmessung nicht voll gerecht werden.

Methoden der Kompetenzmessung

Nur bei etwa 20 % der Personalentscheidungen in den Betrieben werden systematische Erfassungsverfahren eingesetzt, während 80 % der Entscheidungen „aus dem Bauch heraus" erfolgen.[1] Nicht die exaktesten, sondern die angemessensten, in kurzer Zeit mögliche Entscheidungshilfen liefernden Kompetenzmessung haben sich in der beruflich-betrieblichen Praxis durchgesetzt.[2]

Die Selbstorganisationsdispositionen des Menschen, seine *Kompetenzen, lassen sich messen, auch zertifizieren, und auf dieser Grundlage entwickeln und managen.* Das ist nicht nur die Voraussetzung jeglicher beabsichtigter Kompetenzentwicklung, sondern auch der Kompetenzentwicklung im Netz.

2.1 Formen der Kompetenzmessung

In der Praxis werden mehrere unterschiedliche Formen der Kompetenzerfassung eingesetzt:

- *Kompetenztests*: quantitative Messungen
- *Kompetenzpass*: qualitative Messungen
- *Kompetenzbiografie*: komparative Beschreibung
- *Kompetenzsimulation*: simulative Szenarien
- *Kompetenzsituation*: Arbeitsproben, Beobachtungen am Arbeitsplatz

Diese Verfahren weisen erhebliche Unterschiede im Hinblick auf die Merkmale, die gemessen werden, und die Qualität ihrer Ergebnisse auf. Dabei wird sowohl

---

[1] Erpenbeck (2012), S. 26 ff.

[2] Erpenbeck (2009), S. 32.

© Springer Fachmedien Wiesbaden 2016
W. Sauter, A.-K. Staudt, *Kompetenzmessung in der Praxis,* essentials,
DOI 10.1007/978-3-658-11904-1_2

der Ist-Zustand als auch die Entwicklung der Kompetenzen mit objektiven und subjektiven Messmethoden erfasst (Tab. 2.1).[3]

Tab. 2.1 Merkmale von Kompetenzerfassungsverfahren

Merkmale von Kompetenzerfassungsverfahren	
Vorwiegend auf Kompetenzen gerichtet	Die notwendig sind, um bestimmte Ziele zu erreichen
	Um neue unvorhersehbare Situationen kreativ zu bewältigen
Kompetenz-bereiche	Personale Kompetenzen: reflexiv selbstorganisiert handeln
	Aktivitäts- und umsetzungsorientierte Kompetenzen: aktiv und gesamtheitlich selbstorganisiert handeln
	Fachlich-methodische Kompetenzen: Probleme geistig und physisch selbstorganisiert lösen
	Sozial-kommunikative Kompetenzen: kommunikativ und kooperativ selbstorganisiert handeln
Kompetenz-verständnis	Als Persönlichkeitseigenschaften, z. B. im Sinne von Motivations- oder Persönlichkeitspsychologie
	Als Tätigkeit- und Arbeitsdispositionen, z. B. im Sinne von Tätigkeits- oder Arbeitspsychologie
	Als verallgemeinerte Qualifikationen, z. B. im Sinne kognitiver Psychologie oder pädagogischer Qualifikationsvermittlung und Zertifizierung
	Als Kommunikationsvoraussetzungen, z. B. im Sinne von Sozial- oder Kommunikationspsychologie
Fokus	Ist-Zustand der Kompetenzen
	Kompetenzentwicklung
Methode	*Objektiv*: Kompetenzen werden wie naturwissenschaftliche Größen definiert und gemessen. Dieser Ansatz wird vor allem in der kognitiven Psychologie und Sozialpsychologie angewandt. Mittels statistischer Verfahren auf Basis von Fremdeinschätzungen sollen möglichst präzise Prognosen zum zukünftigen Handeln der Mitarbeiter abgeleitet werden. Damit handelt es sich bei objektiven Verfahren um eine Kompetenzbeobachtung „von außen".
	Subjektiv: Die Vertreter dieses Ansatzes gehen davon aus, dass eine objektive Kompetenzerfassung nicht möglich ist. Deshalb spielen bei diesem Ansatz Selbsteinschätzungen eine wichtige Rolle. Die Messmethoden kombinieren Fremd- und Selbsteinschätzungen.

---

[3] Vgl. Erpenbeck und Sauter (2007), S. 81 ff.; Erpenbeck (2012), S. 76 ff.; Erpenbeck (2009), S. 79 ff.

Tab. 2.1 (Fortsetzung)

Merkmale von Kompetenzerfassungsverfahren

Verfahren	*Quantitativ*: Basieren meist auf Tests, die wenig Zeit erfordern und ohne subjektive Einschätzungen auskommen. Dies ermöglicht kostengünstige „Kompetenzerfassungen" auch bei einer großen Zahl von Mitarbeitern, sofern der Kompetenzbegriff auf Wissen und Qualifikation, wie z. B. bei PISA, verengt wird. Da diese Tests keine Handlungskompetenzen erfassen, sind sie für die Gestaltung von kompetenzorientierten Entwicklungsprozessen in der Praxis nicht geeignet. Daneben gibt es quantitative Verfahren, die auf der Zuordnung von Kompetenzstufen durch die Mitarbeiter selbst und durch Kollegen oder Führungskräfte basieren. Die Subjektivität der Bewertungen wird hierbei durch einen Vergleich von Fremd- und Selbsteinschätzung verringert. Quantitative Messverfahren gehen davon aus, dass Kompetenzen messbar und skalierbar sind. Instrumente der Erhebung sind Experimente, Tests, Fragebögen, Interviews, Schätzskalen, Delphi-Methoden, Check-Listen oder systematische Beobachtungsverfahren. Diese Verfahren betonen damit die Außensicht.
	Qualitativ: Die Methoden beziehen sich auf die Beschaffenheit und Güte der Kompetenzen sowie Sinn- und Bedeutungszusammenhänge. Dabei werden beispielsweise unstrukturierte Beobachtungen und Befragungen sowie biografische Methoden eingesetzt. Diese Messung ist eher ganzheitlich und subjektiv, so dass die Innenperspektive betont wird. Qualitative Verfahren können formell, nonformell und informell erworbene Kompetenzen in einer Weise erfassen, die auch für Laien verständlich und durch Personalverantwortliche in Unternehmen auch ohne testtheoretische Kenntnisse interpretierbar sind. Deshalb sind die Ergebnisse auch einfach kommunizierbar. Kompetenzpässe und -bilanzen haben immer verbalen Charakter und beinhalten Fragestellungen sowohl zum Erfassen und Bewerten als auch zum Entwickeln von Kompetenzen.[a]
	Hybrid: Ermöglichen wirtschaftliche und leicht handhabbare Messverfahren, die allen Beteiligten verwertbare Messanker bieten.[b] Die Verfahren sind auf Kompetenzen gerichtet, die notwendig sind, um ein mehr oder weniger klar umrissenes Ziel zu erreichen. Dabei werden sie als Selbstorganisationsdispositionen, als Fähigkeiten, neue, unvorhersehbare Situationen selbstorganisiert und kreativ zu bewältigen, definiert.

[a] (Vgl. Erpenbeck 2009, S. 33–35)
[b] (Erpenbeck und Sauter 2007, S. 67)

Die Kompetenzbeobachtung kann als objektives Messverfahren wie als subjektives Einschätzungsverfahren gestaltet werden.[4] Während bei fachlich-methodisch

---

[4] Erpenbeck und von Rosenstiel (2007), S. XXVII.

orientierten Kompetenzen häufig objektive, quantitative Verfahren gewählt werden, sind für die anderen Kompetenzbereiche meist subjektive Einschätzungen erforderlich. Viele Kompetenzmessverfahren bewegen sich zwischen dem objektiven und dem subjektiven Pol.

In der Praxis sind quantitative Messungen und qualitative Charakterisierungen die wichtigsten systematischen Kompetenzermittlungsverfahren. Qualitative Kompetenzerfassungsverfahren haben quantitativen gegenüber wesentliche Vorzüge. Sie

- sind national und international breit kommunizierbar,
- sind von Personalverantwortlichen einfach auszuwerten,
- erfordern keine zusätzliche Interpretation,
- berücksichtigen formell, non-formell und informell erworbene Kompetenzen gleichermaßen,
- vereinen Erfassen, Beurteilen und Entwickeln,
- sind ökonomisch, mit relativ geringem Auswertungs- und Zeitaufwand durchführbar.

In vielen Anwendungen haben sich Kompetenzerfassungssysteme herausgebildet, die sich sehr gut als Basis für die Gestaltung von Kompetenzentwicklungsprozessen eignen. Die wichtigsten Anforderungen an solche Systeme sind, dass sie Kompetenzen als Selbstorganisationsdisposition definieren, d. h. als Fähigkeit, neue unvorhersehbare Situationen kreativ zu bewältigen, die Verfahren mit einem relativ geringen Aufwand einsetzbar sind, die Qualität des Systems zu aussagefähigen Ergebnissen führt und „erwünschte Aussagen" so weit wie möglich ausgeschlossen werden. Deshalb darf der Kompetenznachweis keine Negativaussagen beinhalten, sondern muss die Kompetenzentwicklungsmöglichkeiten betonen („Stärken stärken") sowie den Datenschutz garantieren.

2.2 Eignungsdiagnostische Verfahren

Mit Hilfe der Kompetenz-Diagnostik kann transparent gemacht werden, inwieweit Menschen in neuen, herausfordernden Situationen fähig sind, selbstorganisiert und kreativ zu Lösungen und Entscheidungen zu kommen. Unternehmen setzen für die Entscheidungen oder Empfehlungen zur Auswahl, Platzierung oder Klassifikation von Mitarbeitern vor allem eignungsdiagnostische Verfahren ein, wie z. B. biografische Fragebögen oder Assessment Center. Doch besteht zwischen eignungsdiagnostischen und kompetenzerkennenden Verfahren meist ein großer Unterschied. Viele eignungsdiagnostische Verfahren messen Kompetenzen wenig bis gar nicht. Häufig kann kein Zusammenhang zwischen diesen Messungen und der Selbstorganisationsdispositions-Fähigkeit nachgewiesen werden.

Auch klassische *Intelligenz- und Leistungstests*, beispielsweise zur Messung von kognitiven und nicht-kognitiven Fähigkeiten wie Konzentration, Aufmerksamkeit oder Reaktionsfähigkeit, zeigen keinen nennenswerten Zusammenhang zum Handeln in Herausforderungen und sind deshalb nicht für Kompetenzmessungen geeignet. Elaborierte Intelligenztests können jedoch dazu genutzt werden, die Vorbedingungen für eine angestrebte Kompetenzentwicklung abzuklären.[5]

2.2.1   Biografische Methoden

Aus der Biografie von Menschen können aussagefähige Anhaltspunkte für die Entwicklung von Kompetenzen abgeleitet werden, sofern über einen längeren Zeitraum regelmäßig wiederkehrende Verhaltens- und Reaktionsweisen vorliegen. Darüber hinaus können Motive und Werte erfasst werden.[6]

Biografische Verfahren betrachten deshalb vergangene Leistungen. Da diese als valider Prädiktor für zukünftiges Handeln gelten, haben biografische Methoden eine verhältnismäßig hohe Vorhersagekraft. Die Bandbreite dieser Methoden ist verhältnismäßig groß. Dabei bauen biografischen Methoden auf sehr unterschiedlichen Verfahren auf:

- *Qualifikationsnachweise*, wie Zeugnisse und Zertifikate. Diese Dokumente belegen nur Qualifikationen.
- *Standardisierte, biografische Fragebögen* werden von den Mitarbeitern selbst ausgefüllt. Deshalb besteht die Gefahr, dass die Angaben subjektiv sind. Die Fragen werden häufig aus den Lebensläufen abgeleitet. Teilweise werden auch subjektive Stellungnahmen, Emotionen, Einstellungen oder Interessen erfragt. Die Ergebnisse entsprechen etwa denen der Intelligenz- und Leistungstests.
- *Standardisierte biografischen Interviews* ermöglichen eine hohe Qualität der erfassten Daten. Dies erfordert Terminabsprachen und relativ viel Zeit für die Erfassung und Auswertung. Wegen des Aufwands zur Erstellung und Pflege kommt dieses Instrument nur relativ selten vor.
- Die *Kompetenzbiografie* von Erpenbeck und Heyse ist eine Kombination des Fragebogenverfahrens mit tiefgehenden, problemzentrierten Interviews zur eigenen Biografie mit dem Ziel, Möglichkeiten der Kompetenzentwicklung zu

---

[5] Lang-von Wins (2007), S. 773.
[6] Ebenda, S. 781.

identifizieren.[7] Damit können die wesentlichen Aspekte der Fragestellung nach Kompetenzen und Kompetenzentwicklung erfasst werden. Das Verfahren ist leicht anzuwenden. Ängste und Unsicherheit des Interviewers spielen eine geringe Rolle, entsprechende Barrieren auf Seiten der Mitarbeiter können durch eine Anonymisierung sowie gegenseitiges Lesen abgebaut werden. Insbesondere werden die förderlichen und hinderlichen Bedingungen der Kompetenzentwicklung ermittelt. Hierbei hat das Zusammenspiel von Werthaltungen und Kompetenzen eine zentrale Bedeutung.[8] Diese Methode nimmt eine herausragende Stellung bei den hier vorgestellten Messinstrumenten ein, da sie explizit und in die Tiefe gehend die biografische Logik der Entwicklung von Kompetenzen erfasst.[9]

- Die *Kompetenzbilanz* ist ebenfalls biografiegestützt und orientiert sich dabei an klassischen psychologischen Modellen, in denen Handeln in der Vergangenheit in die Zukunft extrapoliert wird.[10] Die Mitarbeiter können bei der Entwicklung und Pflege ihrer persönlichen Bilanz durch einen Coach begleitet werden. Diese Verfahren verfolgen einen lösungsorientierten Beratungsansatz, der die Mitarbeiter darin unterstützt, ihre Kompetenzentwicklung selbstorganisiert zu gestalten. Am Modell des Zukunftszentrums Tirol kann dies beispielsweise aufgezeigt werden:[11]
  - Reflexion des eigenen Werdegangs
  - Analyse wichtiger Tätigkeiten
  - Erarbeitung und Belegen von Kompetenzen
  - Erarbeitung handlungsleitender Werte
  - Entwickeln nächster Schritte.

Mit der Kompetenzbilanz wurde ein Verfahren entwickelt, das es den Mitarbeitern auf Basis ihrer identifizierten und biografisch verankerten Kompetenzen ermöglicht, proaktiv zu werden und ihre eigene berufliche wie private Entwicklung zu steuern. Die Kompetenzbilanz wurde in erster Linie für die selbstorganisierte Gestaltung von beruflichen Neuorientierungen entwickelt, wird aber im organisatorischen Kontext auch bei der Personalauswahl und Personalentwicklung eingesetzt.[12]

Mithilfe der biografischen Methoden lassen sich Anhaltspunkte für die Entwicklung von Kompetenzen ableiten. Da es eine reine Vergangenheitsbetrachtung

---

[7] Vgl. Lang-von Wins (2007), S. 782 ff.

[8] Vgl. Erpenbeck und Heyse (2007), S. 228 ff.

[9] Lang-von Wins (2007), S. 787.

[10] Seipel (2010), S. 2–3.

[11] Vgl. Ebenda.

[12] Kauffeld (2006), S. 63.

Tab. 2.2 Nutzen und Grenzen biografischer Messmethoden

Nutzen	Grenzen
Sehr viele biografische Informationen	Kompetenzen werden nur teilweise und meist subjektiv erfasst
	Annahme stabilen Handelns
	Hoher Aufwand
	Vergangenheitsbetrachtung
	Meist rein qualitative Betrachtung
Ermittlung von Kompetenzentwicklungs-möglichkeiten, teilweise nur in Verbindung mit zukunftsorientierten Verfahren	Problem der sozialen Erwünschtheit (bei Interviews und Kompetenzbilanz)

ist und davon ausgegangen wird, dass Handeln stabil bleibt, ist es nur in Verbindung mit zukunftsorientierten Verfahren sinnvoll.

Eine sichere Kompetenzbilanzierung ist das unverzichtbare Verbindungsglied zwischen Kompetenzerfassung, Kompetenzentwicklung und Kompetenzmanagement (Tab. 2.2).[13]

2.2.2 Tätigkeitsanalyse

Die Tätigkeitsanalyse ist eine Methode zur Identifikation und Untersuchung von Aufgaben und Teiltätigkeiten. Diese kann sowohl für eine Person, aber auch für Abteilungen oder Gruppen erfolgen. Diese Analyse hat in erster Linie zum Ziel, die Produktivität und die Sicherheit zu erhöhen sowie die Qualität sicherzustellen. Aus diesen Ergebnissen heraus werden Soll-Kompetenzprofile abgeleitet und es kann eine Analyse der Ist-Kompetenzen erfolgen.

Dieses Verfahren stößt bei hochkomplexen Strukturen und Prozessen an seine Grenzen. Es eignet sich aber durchaus für Soll-Ist-Vergleiche bei Einzelpersonen (Tab. 2.3).

Tab. 2.3 Nutzen und Grenzen von Tätigkeitsanalysen

Nutzen	Grenzen
Geeignet als Grundlage für die Kompetenzanalyse von Einzelpersonen und Gruppen	Die Bewertung von Kompetenzen ist nicht möglich
Kompetenzentwicklungs-Möglichkeiten werden transparenter	Die Ergebnisse können nichtorganisationsübergreifend verwendet werden
	Bei komplexen Strukturen sehr aufwendig

---

[13] Erpenbeck und Heyse (2007), S. 15.

2.2.3 Interview

Das am meisten verbreitete Instrument bei der Beurteilung von Bewerbern sind Interviews. Dabei handelt es sich hier um einen Sammelbegriff für unterschiedliche Ausprägungen der Befragung. Unterschieden werden strukturierte, teilweise strukturierte und unstrukturierte Interviews. Diese differieren vor allem in der Gestaltung und Durchführung.

Strukturierte Interviews ermöglichen einen guten Vergleich mit anderen Bewerbern und stellen durch das schrittweise Vorgehen sicher, dass die benötigten Antworten eingeholt werden. Es hat sich bewährt, zwei Interviewer einzusetzen, um eine objektivere Sicht zu gewährleisten. Wichtig ist, dass bei einem Interview die Kompetenzdefinitionen, der Aufbau der Befragung sowie vorgegebene, handlungsorientierte Bewertungskategorien beachtet werden.[14]

Vor allem eine klare *Strukturierung* des Interviews soll dafür sorgen, dass die notwendigen Fragen in angemessener Weise gestellt werden und die angestrebten Informationen im Laufe des Interviews eingeholt werden können. Das *Mehraugenprinzip* soll sicherstellen, dass die Subjektivität des isolierten Blickwinkels eines Beobachters in der gemeinsamen Reflexion des Gesprächs und der Gesprächseindrücke objektiviert wird. Damit sollen auch die verzerrenden Einflüsse von persönlicher Sympathie und Antipathie bzw. von individuell unterschiedlichen blinden Flecken in der Wahrnehmung des Interviewverlaufs weitgehend ausgeschaltet werden. Unter diesen Voraussetzungen ist es möglich, die personalen Kompetenzen zur Bewältigung komplexer Herausforderungen zu erfassen.[15]

Multimodale Interviews bilden eine Kombination aus verschiedenen Verfahren der Kompetenzeinschätzung. So werden beispielsweise über situative Fragen „mentale Arbeitsproben" betrachtet. In einem gesonderten Interviewteil werden dabei die Interessen und Werte der Kandidaten erfragt. Der Prozess der Kompetenzbeurteilung weist eine starke kommunikative Note auf, die über die Rückmeldung der Ergebnisse direkt auf den Kompetenzentwicklungsprozess ausstrahlen kann. Auch dieses Verfahren ist grundsätzlich dazu geeignet, Kompetenzen zu beurteilen, sofern die Gesprächsführung nicht intuitiv erfolgt (Tab. 2.4).

---

[14] Lang-von Wins (2007), S. 769.
[15] Ebenda, S. 769.

Tab. 2.4 Nutzen und Grenzen von Interviews

Nutzen	Grenzen
Vergleich und Einschätzung von relevanten Handlungsweisen aufgrund eines strukturierten Vorgehens mit klaren Bewertungskategorien	Rein subjektive Einschätzung der Kompetenzen
	Es werden stabile Verhaltens- und Handlungsweisen unterstellt
Kompetenzeinschätzung ist grundsätzlich möglich	Gefahr der Beeinflussung durch den Fragesteller (Fragestellung, Unterton)
	Kompetenzentwicklungsmöglichkeiten werden nur eingeschränkt transparent

2.2.4   Persönlichkeitsverfahren

Bestimmte Persönlichkeitsmerkmale lassen mit einer gewissen Wahrscheinlichkeit Prognosen über Handlungsweisen in herausfordernden Situationen zu, sofern spezifische und differenzierte Hypothesen über die Zusammenhänge bestimmter Persönlichkeitseigenschaften bzw. -strukturen und die entsprechenden Kompetenzmuster bestehen.[16] Sie können jedoch eine Kompetenzmessung nicht ersetzen.

Die Persönlichkeitstests oder Persönlichkeitsfragebögen bilden typische Verhaltensweisen einer Person ab. Der „big five" (Fünf-Faktoren-Modell) ist das bekannteste Persönlichkeitsmodell, auf dessen Grundlage viele andere Persönlichkeitsverfahren weiterentwickelt wurden. Es basiert auf den fünf Hauptdimensionen der Persönlichkeit (Tab. 2.5):[17]

Die Persönlichkeit ist ein wichtiger Faktor der Entwicklung von Kompetenzen, jedoch sind Persönlichkeitsmerkmale noch keine Kompetenzen. Erst wenn sie sich in Handlungen ausdrücken, werden sie zu Kompetenzen. So lässt eine ausgeprägte Kommunikationsfähigkeit zwar hoffen, dass der Mitarbeiter in besonderem Maße Akquisitionskompetenz besitzt. Dies muss jedoch nicht zwangsläufig so sein, da

Tab. 2.5 Hauptdimensionen der Persönlichkeit nach dem Fünf-Faktoren-Modell („big five")

Dimension	Schwach ausgeprägt	Stark ausgeprägt
Neurotizismus	Selbstsicher, ruhig	Emotional, verletzlich
Extraversion	Zurückhaltend, reserviert	Gesellig
Offenheit	Konsistent, vorsichtig	Erfinderisch, neugierig
Gewissenhaftigkeit	Unbekümmert, nachlässig	Effektiv, organisiert
Verträglichkeit	Kompetitiv, misstrauisch	Kooperativ, freundlich, mitfühlend

---

[16] Ebenda, S. 776.
[17] Kauffeld (2006), S. 67.

Tab. 2.6 Nutzen und Grenzen von Persönlichkeitsverfahren

Nutzen	Grenzen
Abbildung von typischem Verhalten	Persönlichkeitsmerkmale sind keine Kompetenzen, deshalb sind keine Rückschlüsse auf Kompetenzen möglich
Prognose möglicher Handlungsweisen bei Herausforderungen	
Ökonomisches Verfahren	Fokus auf überfachliche Kompetenzfacetten
	Gefahr von Erinnerungslücken oder sozial erwünschten Antworten

ihm wesentliche andere Kompetenzen, z. B. im aktivitäts- oder fachlich-methodischen Bereich, fehlen.

Das Handeln von Mitarbeitern ist immer auch situationsspezifisch. Daher müssen die Ergebnisse der Persönlichkeitsfragebögen „auf spezifische situative Anforderungen interpretierbar sein, um für die Kompetenzdiagnostik von Wert zu sein (Tab. 2.6).“[18]

2.2.5　Assessment-Center-Verfahren (AC)

Assessment (engl. Einschätzung, Beurteilung oder Bewertung) bezeichnet die Beurteilung von Personen in Bezug auf definierte Merkmale oder Kompetenzen. Die Verfahren reichen von standardisierten Testverfahren bis zu Interviews oder biografischen Befragungen.

Assessment Center sind Auswahlverfahren für Bewerber oder zur Weiterentwicklung von Mitarbeitern, bei denen Kandidaten von mehreren Beobachtern während einer Übung oder Aufgabe eingeschätzt werden. Dies können Arbeitsproben, Rollenspiele, Stehgreifpräsentationen oder Gruppenübungen sein. Häufig werden Kombinationen verwendet, um eine hohe Validität zu erreichen und präzisere Daten zu erhalten.

Die Beobachter halten ihre Eindrücke nach bestimmten Kriterien und vorher festgelegten Regeln fest. Es hat sich bewährt, die Beobachter für diese Aufgabe vorab auszubilden. Die Chancen des Verfahrens liegen darin, dass die Bewerber in realitätsähnlichen Aufgabenstellungen erlebt werden können.

Assessments sind sehr aufwendig und lassen kaum Rückschlüsse auf Kompetenzen zu, da die Beobachtungssituation zwar realitätsähnlich ist, jedoch niemals die Komplexität und die emotionale Herausforderung von Problemstellungen in der Praxis aufweisen kann. Hinzu kommt, dass geübte Teilnehmer an Assessment Centern die Übungssituationen immer besser kennenlernen und da-

---

[18] Vgl. Lang-von Wins (2007), S. 776.

Tab. 2.7 Nutzen und Grenzen von Assessment-Center-Verfahren

Nutzen	Grenzen
Auswahl in praxisnahen Übungen	Keine Kompetenzmessung möglich
Situationsspezifische Auswahl	Hoher Aufwand
Informationsvielfalt	Mögliche Beobachtungsfehler

mit erfolgreicher abschneiden. Sie haben dann zwar ihre Kompetenz gesteigert, Assessment Center erfolgreich zu bestehen, ohne dass sie aber ihre Kompetenz zur Bewältigung der Herausforderungen in der zukünftigen Praxis nachgewiesen hätten.

Eine vielversprechende Weiterentwicklung der Assessment-Center-Methode kann darin liegen, die Bewerber oder Mitarbeiter in der betrieblichen Realität selbst zu beobachten. Geschulte Beobachter bewerten die Handlungsweisen nach vorher festgelegten Kriterien, meist über einen längeren Zeitraum, so dass eine besonders hohe Validität der Messung erreicht wird (Tab. 2.7).

2.2.6 Selbstbeschreibung

Die Mitarbeiter schätzen bei diesem Messinstrument ihr typisches Handeln unter normalen und unter schwierigen Bedingungen mit Hilfe von Selbsttests oder Selbstbeurteilungen ein. Die Ergebnisse dieser Selbstreflexion können durch Erinnerungslücken oder soziale Erwünschtheit beeinträchtigt werden. Deshalb wird dieses Verfahren meist in andere Verfahren integriert, z. B. in die Kompetenzbiografie.

Ein weitere Ausprägung der Selbstbeobachtung sind Tagebücher. Der Mitarbeiter wird dabei angeregt, über einen längeren Zeitraum sein eigenes Handeln zu reflektieren, so dass seine Kompetenzentwicklung transparent wird (Tab. 2.8).

Tab. 2.8 Nutzen und Grenzen von Selbstbeschreibung

Nutzen	Grenzen
Abbildung von typischen Handlungsweisen	Subjektive Einschätzung
Ökonomisch einsetzbar	Mögliche Fehlerquellen, wie Erinnerungslücken oder Erwünschtheit
Anstöße für Reflexionsprozesse	Unternehmensübergreifender Vergleich nicht möglich
Identifikation von Kompetenz-entwicklungs-Möglichkeiten	
Grundlage für Fremdeinschätzungen	

Tab. 2.9 Nutzen und Grenzen von Fremdbeschreibung

Nutzen	Grenzen
Abbildung von typischem Verhalten	Mögliche Fehlerquellen: Sympathie-Effekt oder Halo-Effekt
Berücksichtigung verschiedener Perspektiven möglich (Vorgesetzter, Mitarbeiter, …)	Mögliche Beobachtungsfehler

2.2.7 Fremdbeschreibung

Ein häufig eingesetztes Instrument der Fremdbeschreibung ist das *360-Grad-Feedback*, bei dem der Mitarbeiter von z. B. seiner Führungskraft, seinen Kollegen oder Lernpartnern sowie seinem Lernbegleiter bzw. Coach eingeschätzt wird. Die Fehlerquellen dieses Verfahrens liegen in dem sogenannten Halo-Effekt[19]. Er beschreibt eine kognitive Verzerrung, die darin besteht, von bekannten auf unbekannte Eigenschaften einer Person zu schließen. Findet ein Beobachter beispielsweise eine andere Person sympathisch und mag er Menschen, die großzügig sind, wird er im Regelfall unterstellen, dass dieser Mensch großzügig ist, auch wenn es keine Hinweise darauf gibt (Tab. 2.9).

2.2.8 Kombination Selbst- und Fremdbeschreibung

Bei dieser Kombination der Kompetenzeinschätzungen setzt sich jeder Mitarbeiter mit seinen eigenen Kompetenzen auseinander und erhält Rückmeldungen von Personen, die ihn im Arbeitsprozess erlebt haben. Dies ermöglicht es, eine realistische Einschätzung zu erhalten und Ansätze zur individuellen Kompetenzentwicklung abzuleiten. Selbst- und Fremdbeschreibung in Verbindung mit Bewertungen und Bonussystemen haben sich nicht bewährt, da dann nicht mehr die Kompetenzen und die Leistung des Mitarbeiters im Mittelpunkt stehen (Tab. 2.10).[20]

Tab. 2.10 Nutzen und Grenzen der Kombination aus Selbst- und Fremdbeschreibung

Nutzen	Grenzen
Abbildung von typischem Verhalten	Fehler wie bei Selbst- und Fremdbeschreibung möglich
Ökonomisch einsetzbar	

---

[19] Kauffeld (2007), S. 107.

[20] Ebenda, S. 80.

Selbsteinschätzungen in Verbindung mit Fremdbewertungen werden im Zuge der Entwicklung zu selbstorganisierten Lernprozessen zukünftig erheblich an Bedeutung gewinnen, weil sie die Voraussetzung für die Kompetenzentwicklung bilden. Nur wer sich selbst in seinen Stärken und Schwächen angemessen wahrzunehmen vermag, wird sein Handeln selbst regulieren und auch bei Mitarbeitern und Kollegen Stärken und Schwächen differenziert erkennen können.[21]

2.2.9 Arbeitsproben

Bei diesem Verfahren soll der Mitarbeiter in einem definierten Zeitraum Arbeitsaufgaben aus dem beruflichen Kontext in einer simulativen Umgebung unter Kontrolle eines Lernbegleiters lösen. Dadurch kann der Mitarbeiter neue Handlungsweisen entwickeln, ohne dass es negative Auswirkungen, z. B. auf einen Geschäftsablauf, hat.[22] Voraussetzung dafür ist, dass repräsentative erfolgskritische Situationen ausgewählt und innerhalb eines geschlossenen Kontextes nachgebildet werden (Tab. 2.11).[23]

Tab. 2.11 Nutzen und Grenzen von Arbeitsproben

Nutzen	Grenzen
Gute Validität bei begrenzten Handlungsbereichen	Hoher Aufwand
	Schulung der Beobachter notwendig
Lernbegleitung möglich	Mögliche Beobachtungsfehler
Neue Handlungsweisen ohne Folgerisiken ausprobieren	Weniger für komplexe Anforderungen in der Praxis geeignet

---

[21] Esser (1998), S. 651.

[22] Kauffeld (2006), S. 108.

[23] Lang-von Wins (2007), S. 771.

Tab. 2.12 Nutzen und Grenzen von Testverfahren

Nutzen	Grenzen
Sehr einfache Handhabbarkeit	Es werden meist Qualifikationen oder Persönlichkeitsmerkmale, aber keine Kompetenzen gemessen
Sehr schnelle Auswertung	Meist geringe Akzeptanz bei beurteilten Personen
Sehr hohe Standardisierungsgrad	
Sehr ökonomische Messung	
Hohe methodische Ansprüche	

2.2.10 Testverfahren

Mit Testverfahren werden empirisch abgrenzbare Leistungs- oder Persönlichkeitsmerkmale mit dem Ziel bezeichnet, eine quantitative Aussage über die Ausprägung der Merkmale zu treffen.[24]

Testverfahren gibt es in vielen Ausprägungen, beispielsweise als Fähigkeitstests, Leistungstests oder Persönlichkeitstests. Häufig bewegen sich diese Messinstrumente auf der Ebene der Qualifikation und messen deshalb keine Kompetenzen im Sinne der Fähigkeit, Problemstellungen im Prozess der Arbeit zu lösen. Die Frage, was genau jeweils getestet wird, hängt von dem jeweiligen Art des Verfahrens und seinem Einsatz ab (Tab. 2.12).[25]

2.2.11 Computerunterstützte Szenarien

Computergestützte Simulationen können ein wirksames Instrument sein, um Kompetenzen in komplexen Herausforderungen, die der Mitarbeiter nicht mehr von der Realität unterscheiden kann, zu beurteilen. In der Regel sind die heutigen Computer jedoch nicht fähig, solche realitätsgleichen Szenarien zu schaffen. In diesem Fall ist zwar eine Qualifikations-, aber keine Kompetenzmessung möglich. Es ist davon auszugehen, dass zukünftige humanoide Computer in der Lage sein werden, diese Anforderungen zu erfüllen.[26] Eine der wenigen Ausnahmen heute ist der Flugsimulator, welcher für die Kompetenzentwicklung von Flugzeugpiloten eingesetzt wird, oder der Fahrsimulator der Deutschen Bahn (Tab. 2.13).

---

[24] bmbf (2007), S. 18.

[25] Lang-von Wins (2007), S. 772.

[26] Vgl. Erpenbeck und Sauter (2013), S. VI.

Tab. 2.13 Nutzen und Grenzen von computergestützten Szenarien

Nutzen	Grenzen
Breites Spektrum an Situationen und Aufgaben möglich	Leistungsfähigkeit der heutigen Computer
Zukünftige humanoide Computer eröffnen neue Möglichkeiten zur Entwicklung von realitätsgleichen Herausforderungen (Vgl. Erpenbeck und Sauter 2013)	Meist wird nur ein Ausschnitt der Realität betrachtet
	Wird die Simulation nicht als realitätsgleiche Herausforderung empfunden, können nur Qualifikationen gemessen werden
	Es fehlt das soziale Umfeld

Zunehmend werden jedoch Computersysteme als Rahmensysteme für alle Verfahren der Kompetenzmessung genutzt. Dies umfasst die Eingabe von Antworten bis zur Auswertung der Informationen, die kollaborative Bearbeitung von Aufgaben und die Kommunikation im Netz.

Keines der dargestellten Verfahren kann die Kompetenzen eines Mitarbeiters vollständig abbilden. Deshalb bietet sich häufig eine Kombination von Verfahren an, so dass das Zusammenspiel und die Bedeutung der einzelnen Kompetenzaspekte transparent werden.

Auswahl von Kompetenz-Messsystemen

3

Kompetenzmessungen sind die notwendige Voraussetzung für die selbstorgani-sierte Kompetenzentwicklung der Mitarbeiter. Deshalb sind nur solche Systeme geeignet, die sowohl von den Mitarbeitern als auch den Führungskräften und den Bildungsverantwortlichen akzeptiert werden.

Kauffeld formuliert fünf Aspekte, die bei der Wahl einer Kompetenz-Messme-thode relevant sind:[1]

Die Kompetenz-Messmethode sollte

- einen interaktiven Handlungskontext- und Anforderungsbezug aufweisen sowie fachliche und überfachliche Kompetenzaspekte berücksichtigen,
- zur unternehmens-, berufs- und hierarchieebenenübergreifenden Kompetenz-messung geeignet sein,
- dem Entwicklungsaspekt von Kompetenzen verpflichtet sein; das bedeutet, mit dem Verfahren sollen Stärken und Schwächen von Mitarbeitern erkannt und geeignete Kompetenzentwicklungsmaßnahmen abgeleitet werden können,
- psychometrischen Gütekriterien entsprechen,
- aktuellen arbeitsorganisatorischen Gegebenheiten nachkommen.

3.1 Ebenen des Auswahlprozesses

Pawlowsky schlägt sechs Ebenen vor, die bei der Auswahl eines Kompetenz-Mess-systems zu untersuchen sind (Tab. 3.1).[2]

---

[1] Vgl. Kauffeld (2006).

[2] Vgl. Pawlowsky et al. (2005).

© Springer Fachmedien Wiesbaden 2016
W. Sauter, A.-K. Staudt, *Kompetenzmessung in der Praxis,* essentials,
DOI 10.1007/978-3-658-11904-1_3

Tab. 3.1 Ebenen des Auswahlprozesses

Ebene des Auswahlprozesses	Leitfragen
I. Analyseebene	Auf welcher Anwendungsebene werden Kompetenzen erfasst? Bezieht sich die Messung auf ein Individuum, eine Gruppe, die Organisation oder auf ein übergreifendes Netzwerk?
	Wie wird der Kompetenzbegriff verstanden bzw. operationalisiert? Welche Kompetenzbereiche, z. B. personale, aktivitätsbezogene, fachlich-methodische und sozial-kommunikative Kompetenzen, werden operationalisiert?
II. Gegenstand der Messung	Werden Kompetenzen als Bestände, z. B. dokumentiertes Wissen, oder Prozesse, z. B. Problemlösungen, erfasst?
III. Messmethoden	Erfolgt eine Bestandsaufnahme, z. B. von quantitativen Ausprägungen einzelner Indikatoren wie Mitarbeiterzufriedenheit am Ende einer Periode, oder eine Prozessanalyse über einen längeren Zeitraum?
	Mit welchen Methoden erfasst das Instrument Kompetenzen?
IV. Beurteilungsgrad	Findet eine Erfassung oder eine Bewertung von Kompetenzen statt?
	Erfolgt die Bewertung als Selbst- oder Fremdbeurteilung?
	Welche Messindikatoren und Bewertungsdimensionen werden verwendet?
V. Zeitliche Dimension	Werden vergangene, gegenwärtige oder zukünftige Leistungen als Ausdruck von Kompetenzen erfasst?
VI. Zielperspektive und ebenenübergreifende Bezugspunkte	Welcher Zielsetzung dient das Instrument?
	Geht es im Zielsystem um ebenenübergreifende Verknüpfungen von Kompetenz, wenn ja, in welcher Beziehungskonstellation?

3.2 Qualitätskriterien

Kompetenzmessungen beziehen sich auf eine Vielzahl von Merkmalen. Deshalb können die Verfahren nicht nur objektiv oder subjektiv sein, sondern strukturiert und unstrukturiert, standardisiert und nicht standardisiert, statistisch oder interpretierbar usw.[3] Die Kriterien, die bei Tests angewandt werden, gelten grundsätzlich auch für die Kompetenzmessung, jedoch mit spezifischen Ausprägungen.

Der Mensch mit seiner wissensbasierten Kompetenz und praxisgestützten Performanz kann nicht allein durch anonyme, „objektivierte" Regeln und Messungen erschlossen werden. Das Selbst und seine Selbstorganisation erfordern auch eine qualitative, verstehensorientierte Erfassung (Abb. 3.1).[4]

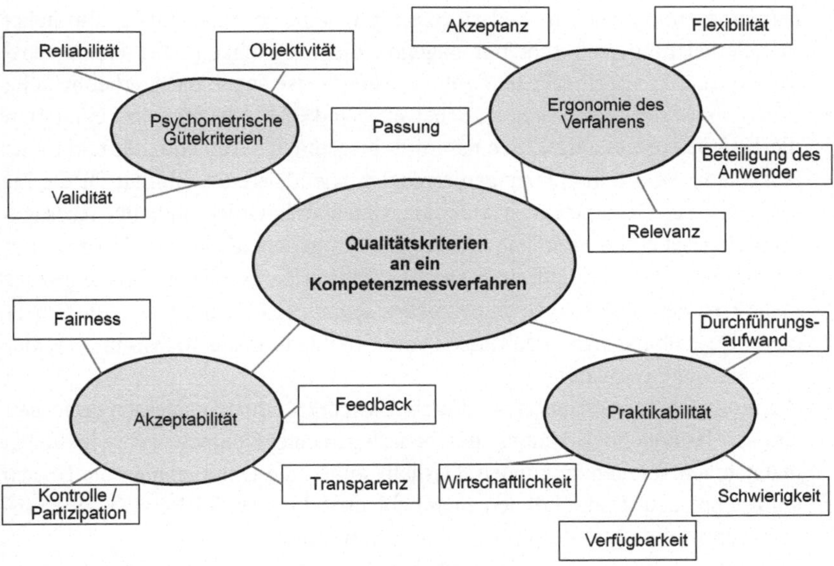

Abb. 3.1 Qualitätskriterien für Kompetenz-Messsysteme. (In Anlehnung an Lang-von Wins et al. (2005), S. 474.)

---

[3] Vgl. Erpenbeck und von Rosenstiel (2007), S. XXVII.

[4] Ebenda.

3.2.1 Anforderungen an betriebliche Kompetenz-Messsysteme

Für die Gestaltung betrieblicher Kompetenz-Messsysteme sind vor allem folgende Anforderungen an Kompetenzmessungen von Bedeutung:[5]

- *Fokussierung auf den individuellen Kompetenzentwicklungsbedarf.* Die selbstorganisierte Planung individueller Kompetenzentwicklungsprozesse erfordert konkrete, aufgabenspezifische Definitionen der erforderlichen Kompetenzen. Deshalb steht die Anforderung der universellen Nutzungsmöglichkeit der Kompetenzprofile im Widerspruch dazu.
- *Unternehmensspezifische Gestaltung der Kompetenzerhebung*: Nur eine konsequente Orientierung der Kompetenzerhebung an den betrieblichen Erfordernissen ermöglicht eine bedarfsgerechte Kompetenzentwicklung. Ein hoher Standardisierungsgrad schränkt dagegen die Möglichkeit, das Kompetenz-Messsystem an spezifische betriebliche Bedürfnisse anzupassen, erheblich ein.
- *Selbst- und Fremdeinschätzung*: Schätzen sich die Mitarbeiter selbst ein, liefert die Kompetenzmessung Ergebnisse mit ausgeprägter Authentizität und hoher Akzeptanz. Selbsteinschätzungen erzeugen eine höhere Sensibilität für die Erfordernisse der Kompetenzentwicklung, sind aber in Objektivität und Aussagekraft eingeschränkt. Fremdeinschätzungen ermöglichen dagegen Bewertungen mit größerer Distanz und einer Orientierung an tatsächlichen Leistungen. Je mehr Fremdeinschätzungen eingeholt werden, umso objektiver sind die Ergebnisse. Deshalb hat sich in der Praxis eine Kombination aus Selbst- und Fremdeinschätzungen bewährt.
- *Beratung*: Die Interpretation von Ergebnissen der Kompetenzmessung erfordert eine professionelle Beratung, um bedarfsgerechte Kompetenzentwicklungsmaßnahmen ableiten zu können. Deshalb sollten die Unternehmen die Kosten dafür einplanen. Damit können auch Fehlentwicklungen im Bereich der Kompetenzentwicklungsmaßnahmen vermieden werden.
- *Einfache und valide Messung*: Es ist ein Ausgleich zwischen dem Anspruch der einfachen Handhabbarkeit und der Validität des Kompetenzmessverfahrens zu gestalten.

---

[5] Vgl. dazu Stark (2009).

3.2.2 Psychometrische Gütekriterien

Grundsätzlich muss jedes diagnostische Verfahren den psychometrischen Gütekriterien gerecht werden, die in der pädagogisch-psychologischen Diagnostik generell verwendet werden (Tab. 3.2):[6]

Tab. 3.2 Psychometrische Gütekriterien

Psychometrische Gütekriterien	Elemente
Objektivität	Das Ergebnis wird nur durch die Merkmale einer Person bestimmt. Die ermittelten Aussagen dürfen damit nicht von der Erfassungsumgebung oder der Interpretation der Personen abhängen, die die Auswertung vornehmen. In den Sozialwissenschaften können diese Anforderungen nur bedingt erfüllt werden, da häufig keine objektiven Kriterien vorliegen. Es ist deshalb notwendig, die Untersuchungsbedingungen exakt einzuhalten, gemeinsame Auswertungsstandards zu definieren und Beobachter mit gleichem Wissenstand auszuwählen. Objektivität wird meist dadurch sichergestellt, dass die Erhebungen, z. B. durch geschlossene Antworten, standardisiert sind und die einzelnen Schritte der Erhebung, der Auswertung und Interpretation dokumentiert werden. Dies ist besonders wichtig, wenn Handlungsweisen von Beobachtern eingeschätzt werden. Außerdem müssen diese über die erforderliche Kompetenz zur Kompetenzbeobachtung verfügen. Stichprobenweise sollten auch die Beobachtungen verschiedener Personen miteinander abgeglichen werden, um bei Bedarf die Beurteilungskriterien, den Beurteilungsprozess oder dessen Dokumentation zu verändern.
Reliabilität	Dieses Kriterium bezeichnet die Genauigkeit einer Messung, d. h., es wird erfasst, welches Ausmaß „zufällige" Messfehler ausmachen. Die Ergebnisse müssen auch bei Wiederholungen oder parallelen Erhebungen gleich sein. Deshalb ist regelmäßig zu überprüfen, ob die Daten zuverlässig erhoben wurden und ob sie auch tatsächlich das messen, was man erheben möchte. Während in der klassischen Testtheorie davon ausgegangen wird, dass jeweils nur ein einziges quantitatives Merkmal gemessen wird, sind bei Kompetenzmessungen häufig viele Kriterien zu erfassen. Die Reliabilität kann in diesem Fall ermittelt werden, indem mehrere Messungen vorgenommen werden und der Zusammenhang zwischen diesen Ergebnissen bewertet wird (Retest-Reliabilität).

---

[6] Vgl. bmbf (2007), S. 19 ff.

Tab. 3.2 (Fortsetzung)

Psychometrische Gütekriterien	Elemente
Validität (Gültigkeit)	Dieser Begriff bezeichnet den Umfang, in dem eine Messung tatsächlich die Merkmale erfasst, die sie erfassen soll. Dieses Kriterium bildet die Voraussetzung dafür, dass aus den Messergebnissen Konsequenzen, z. B. für das Handeln, gezogen werden. Bei quantitativen Erhebungen kann die Validität der Erhebungsinstrumente sichergestellt werden. Bei qualitativen Messungen ist dies jedoch kaum möglich. Daher greift man in der Praxis auf das Konzept der sozialen Validität zurück.[a] Diese Anforderung ist die Sammelbezeichnung dafür, was die eignungsdiagnostische Situation zu einer akzeptablen sozialen Situation macht. Deshalb muss für Kompetenzmessungen die Anforderung der testtheoretischen Validität durch Faktoren ersetzt werden, die letztendlich zu einer hohen Akzeptanz bei Entscheidungsträgern und Mitarbeitern führt. Dies setzt eine umfassende Information, die Beteiligung der Betroffenen, eine hohe Transparenz und eine offene Kommunikation voraus. Die Bewertung der Validität erfolgt nach unterschiedlichen Kriterien. Die *Kriteriumsvalidität* bezieht sich auf die Frage, ob mit einer Messung Vorhersagen für zukünftiges Handeln getroffen werden können. Damit ist sie für Kompetenzmessungen von zentraler Bedeutung. Die *Inhaltsvalidität* bewertet die Qualität der Inhalte des Messverfahrens mit Hilfe von Expertenurteilen.

[a] Vgl. Schuler (2. Auflage 2006)

3.2.3 Qualitätskriterien für Kompetenzmessungen

Kompetenzen schlagen sich immer in Handlungen nieder. Handeln erfordert stets den „Antriebsmotor" von Emotionen und Motivationen (lat. motio = Bewegung), damit es überhaupt stattfinden kann. Es gibt folglich keine Kompetenzen ohne Emotionen! Daher können Kompetenzen nicht quantitativ gemessen bzw. getestet werden, auch wenn dies von manchen Anbietern immer wieder behauptet wird.

Vielmehr werden qualitative Charakterisierungen und komparative Beschreibungen benötigt, die spezifische, inhaltsanalytische Gütekriterien erfüllen. Das testtheoretische Verständnis von *Reliabilität* wird dabei sinnvollerweise durch folgende Kriterien ersetzt:[7]

---

[7] Erpenbeck und Sauter (2007), S. 78 ff.

- *Stabilität*: Mehrmalige Inhaltsanalysen des gleichen Materials führen in etwa zu gleichen Ergebnissen.
- *Reproduzierbarkeit*: Die Analyse gleicher Sachverhalte führt unter anderen Umständen, durch andere Analytiker ausgeführt, zu etwa gleichen Ergebnissen.
- *Exaktheit*: Die Ergebnisse werden nach funktionellen Standards ermittelt.

Das testtheoretische Verständnis von *Validität* wird von folgenden Kriterien abgelöst:

- *Semantische Gültigkeit*: Angemessenheit der Kategoriendefinitionen.
- *Stichprobengültigkeit*: Kriterien exakter Stichprobenziehung werden erfüllt.
- *Ergebnisorientierte Kriterien korrelativer Gültigkeit*: Überprüfung an Untersuchungen mit ähnlichen Fragestellungen.
- *Vorhersagegültigkeit*: Überprüfung des Eintreffens, wenn sich aus dem Material sinnvolle Prognosen ableiten lassen.
- *Prozessorientiertes Kriterium Konstruktgültigkeit*: Bisherige Erfolge mit ähnlichen Messmethoden, Entwicklung auf Basis von anerkannten Theorien und Modellen, repräsentative Interpretationen und kompetente Experten.

Neben diesen psychometrischen Gütekriterien sind weitere Faktoren für Kompetenzmessverfahren von Bedeutung. Von Rosenstiel betont, dass „ein noch so objektives, reliables und valides Verfahren sich als Fehlentwicklung herausstellen (kann), wenn es in der Praxis nicht genutzt wird" (Tab. 3.3).[8]

In *hybriden Kompetenzerfassungsverfahren*, die quantitative und qualitative Verfahren vereinen, sind einheitliche Gütekriterien für den quantitativen sowie qualitativen Teil des Messverfahrens notwendig. Dies wird vor allem erreicht, indem das System sicherstellt, dass die handelnden Personen diese Qualitätsstandards umsetzen. Dabei gelten beispielhaft folgende Leitlinien[9]:

1. Das Messverfahren wird so zeitsparend wie möglich gehalten, damit es wirtschaftlich eingesetzt werden kann. Gleichzeitig wird aber genügend Zeit eingeplant, um die Aussagekraft der Ergebnisse sicherzustellen.
2. Es muss weitgehend verhindert werden, dass die Antworten nicht der Realität, sondern einem angestrebten Ideal entsprechen. Dies wird gewährleistet, indem sich die Fragen konsequent auf die Handlungsweisen der Mitarbeiter fokussieren. Außerdem wird den Mitarbeitern kommuniziert, dass der Kompetenznachweis dazu dient, im Sinne eines Stärkenmanagements Möglichkeiten der Kompetenzentwicklung zu identifizieren.

---

[8] Von Rosenstiel (2000), S. 20.
[9] Vgl. Hohenstein (2007), S. 332 ff.

Tab. 3.3 Weitere Qualitätskriterien für Kompetenz-Messsystem

Qualitätskriterium	Elemente
Akzeptabilität	*Fairness*: Das Verfahren muss allen Teilnehmern die gleichen Chancen bieten
	Transparenz: Die Verfahren sollten während des gesamten Prozesses klar und verständlich für den Kandidaten sein
	Feedback: Dem Kandidaten sollte immer ein Feedback gegeben werden
	Kontrolle/Partizipation: Kontrolle und Mitsprache der Beteiligten ist möglich
Ergonomie des Verfahrens	*Flexibilität*: Aufgrund des ständigen Wandels und der Kurzlebigkeit von Produkten und Dienstleistungen sollte ein Verfahren eine hohe Flexibilität und Veränderbarkeit aufweisen. Sich also schnell und flexibel an Neuerungen anpassen können
	Beteiligung des Anwenders: Durch die Implementierung neuer Verfahren kann der Anwender vor Probleme gestellt werden, die die Akzeptanz des Verfahrens beeinflussen können. Probleme können u. a. das Unterbrechen von Routinen, Angst vor Statusverlust oder die Doppelbelastung in der Einführungsperiode sein. Dieses Problem kann mit der aktiven Einbindung der Betroffenen während der Entwicklung und Einführung reduziert oder sogar verhindert werden[a]
	Relevanz: Die Ergebnisse des Verfahrens müssen von Nutzen sein für die Beteiligten. Ein Beispiel hierfür ist, dass die Ergebnisse für die Weiterentwicklung der Kompetenzen nutzbar sein müssen[b]
	Akzeptanz: Im Unternehmen und bei den Mitarbeitern muss das Verfahren Anklang finden. Damit es ernst behandelt wird und genügend Ressourcen investiert werden, um es sinnvoll anwenden zu können
	Passung: Das Vorgehen muss für das Unternehmen, die Branche, die Ebene etc. geeignet sein. Daher sollte vor der Auswahl eines Verfahrens eine Analyse der aktuellen Situation durchgeführt werden
Praktikabilität	*Verfügbarkeit*: Eine Anforderung der Praxis ist das Bedürfnis nach einem Instrument mit geringem Pflegeaufwand[c]
	Wirtschaftlichkeit: Ökonomischer Nutzen. Nutzen sollte die Kosten übersteigen
	Durchführungsaufwand: Der Aufwand bei der Durchführung des Verfahrens sollte den Nutzen nicht übersteigen
	Schwierigkeit: Das Verfahren sollte verständlich für alle Beteiligten sein. (Kompetenzerfordernis und Mühe)

[a] Vgl. Lang-von Wins (2007), S. 267 ff.

[b] Kauffeld (2006), S. 52

[c] Vgl. Lang-von Wins et al. (2005), S. 453 ff.

3. Im Kompetenznachweis wird deutlich zwischen Fertigkeiten, Wissen, Qualifikationen und Kompetenzen unterschieden. Dabei wird der Kompetenzbegriff
   im Sinne der Fähigkeit, Problemstellungen in der Praxis selbstorganisiert und
   kreativ zu lösen, d. h. im Sinne der Selbstorganisationsdispositionen, definiert.[10]
4. Der Datenschutz wird für alle Teilergebnisse und Ergebnisse des Einsatzes des
   Kompetenznachweises garantiert.

---

[10] Vgl. Erpenbeck and v. Rosenstiel (2007).

Kompetenzmessung in der Praxis   4

Kompetenz-Messverfahren sind das Resultat der Grundauffassung von Kompetenz und des Ansatzes der selbstorganisierten Kompetenzentwicklung. Viele Hypothesen zum Kompetenzverständnis und zur Kompetenzentwicklung lassen sich nur qualitativ formulieren oder beschreibend umreißen. Deshalb sind wir bei der Kompetenzmessung häufig gezwungen, Handlungen und Handelnden Kompetenzen zuzumessen.

Die Verfahren zur Kompetenzmessung, die am Markt angeboten werden, sind daher sehr unterschiedlich.[1] Dabei setzen sich nicht unbedingt die methodisch exakten Verfahren durch. Eine zentrale Bedeutung bekommt vielmehr die soziale Validität, d. h. die Akzeptanz bei allen Beteiligten.[2] Für die Praktiker ist vor allem von Bedeutung, in welcher Beziehung die erfassten Konstrukte zu den vorhandenen Kompetenzen und deren Entwicklung stehen.[3]

Vor allem Testverfahren, wie Persönlichkeitsfragebögen, Motivationstests oder Fähigkeitstests werden bereits auch online zur Verfügung gestellt. Kompetenzmessungen im engeren Sinn können bisher nur in wenigen Fällen auch online eingesetzt werden. Ein Beispiel dafür ist das KODE®/KODE®X-System, das die Möglichkeit bietet, die Fragebögen online zu erfassen und digital auszuwerten. Es gibt weitere interessante Ansätze, die Kompetenzmessung und -entwicklung im Netz zu verbessern. Ein Beispiel sind Serious Games[4], bei denen die Mitarbeiter

---

[1] Erpenbeck und von Rosenstiel (2007), S. XXX.

[2] Vgl. von Rosenstiel (2000), S. 20.

[3] Erpenbeck und von Rosenstiel (2007), Einführung S. XXXIV.

[4] Auch Digital Game-based Learning oder Educational Games ist eine Lernkonzeption, die Spiele in einem virtuellen, interaktiven Rahmen für die Qualifikation der Lerner nutzt, indem sie diese emotional bindet. Diese Lernspiele kommen vor allem in folgenden Varianten vor: Actionspiele, Adventurespiele, Casual Games, Rollenspiele, Simulationsspiele, Sportspiele sowie Strategiespiele.

© Springer Fachmedien Wiesbaden 2016   33
W. Sauter, A.-K. Staudt, *Kompetenzmessung in der Praxis,* essentials,
DOI 10.1007/978-3-658-11904-1_4

Tab. 4.1 Ordnungsprinzipien für Kompetenz-Messsysteme

Messumfang	Beispiele
Eine Grundkompetenz	Leistungsmotivationsinventar (LMI), Lernpotenzial-Assessment Center (LP-AC), Multi-Motiv-Gitter (MMG), Gruppencheck
Zwei bis vier Grundkompetenzen	Kompetenzrad, Kasseler Kompetenz-Raster (KKR), !Response 360°-Feedback
Kompetenzbilanzen	Die Kompetenzbilanz
Übergreifende Kompetenzgitter	KODE® (Kompetenz-Diagnostik und -Entwicklung)
	KODE®X-Kompetenzexplorer

online vor realitätsähnliche Aufgaben gestellt werden und diese alleine oder in der Gruppe spielerisch lösen. Probleme gibt es teilweise hinsichtlich der Akzeptanz der Mitarbeiter und der Sorge, dass die Datensicherheit nicht gewährleistet wäre.[5]

Diese unterschiedlichen Kompetenzmessverfahren können nach einem pragmatischen Ordnungsprinzip wie folgt eingeteilt werden (Tab. 4.1):

Erst mit Messsystemen, die auf übergreifenden Kompetenzgittern basieren, können Kompetenzen umfassend gemessen werden. Das methodisch am weitesten entwickelte und verbreitete Erfassungssystem-Verfahren ist KODE® und KODE®X, das Volker Heyse und John Erpenbeck entwickelt haben und seit über einem Jahrzehnt laufend optimieren.[6]

Deshalb stellen wir im Folgenden die Verfahren KODE® (Kompetenz-Diagnostik und -Entwicklung) und das darauf aufbauende KODE®X-Kompetenz-Explorer-Verfahren vor. Diese Verfahren genießen am Markt eine breite Akzeptanz und werden in einer Vielzahl von Unternehmen und Bildungsinstitutionen seit etwa 15 Jahren eingesetzt.

4.1   KODE® (Kompetenz-Diagnostik und -Entwicklung)

Das KODE®-Verfahren (Kompetenz-Diagnose und -Entwicklung) ist ein Einschätzungsverfahren für den Vergleich von Kompetenzausprägungen. Das System umfasst Selbst- und Fremdeinschätzungsfragebögen, ein Auswertungsraster und einen Katalog von Interpretationsvorschlägen der Kompetenzverteilung bis hin zu Vorschlägen zur Kompetenzentwicklung.[7]

---

[5] Zey (2009), S. 32 f.

[6] Vgl. Erpenbeck und von Rosenstiel (2007); Ortmann (2012), S. 238 ff.

[7] Erpenbeck (2007), S. 489 ff.

KODE® ist ein objektivierendes Einschätzungsverfahren für den Vergleich von Kompetenzausprägungen. Die Einschätzungsergebnisse werden quantifiziert und evtl. in zeitlicher Entwicklung verglichen.[8] Es betrachtet die Gesamtheit der Grundkompetenzen und baut methodisch auf Satzergänzungsverfahren in der Psychologie sowie dem LIFO®-Verfahren[9] auf.

Dieses Kompetenz-Messsystem umfasst neben Fragebögen zur Selbst- und Fremdeinschätzung und Auswertungsrastern auch Interpretationsvorschläge und Vorschläge zur Kompetenzentwicklung. Das System kann auch online genutzt werden.

KODE® kann in folgenden Anwendungsbereichen eingesetzt werden:

- Anforderungsanalysen und Potenzialanalysen
- Ermittlung des Kompetenzentwicklungsbedarfs
- Kompetenzbilanzierung und -profiling
- Ableitung von individuellen Kompetenzzielen
- Personalauswahl
- Einstieg für Assessment Center
- Personalentwicklung
- Planung von Kompetenzentwicklungsmaßnahmen
- Begleitung von Kompetenzentwicklungsmaßnahmen

Die Messung mit KODE®, die heute meist online erfolgt, erfordert ca. 20 min Zeitaufwand.

Meist im Rahmen von *Start-Workshops*, die nach Mitarbeitergruppen differenziert wurden, ermittelten die Mitarbeiter in einer Selbsteinschätzung (90°-Betrachtung) ihre Kompetenzen. Dieses System ermöglicht aber auch Fremdeinschätzungen mittels Fragebögen (Abb. 4.1).

KODE® misst die Verteilung der Grundkompetenzen – personal-, aktivitäts-, fachlich und sozialorientiert – und bündelt sie dann nach Absicht, Verhalten, Wirkung und Ideal.

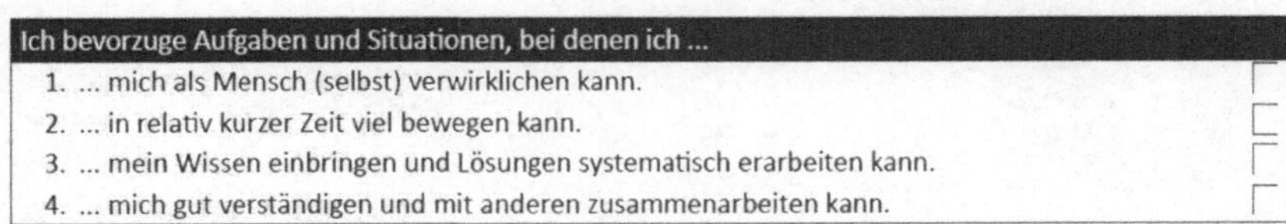

Abb. 4.1 Auszug aus dem Fragebogen *KODE®*. (Competenzia®)

---

[8] Erpenbeck (2007), S. 492.

[9] LIFO® (Life Orientations) ist ein psychologisches Werkzeug zur Einschätzung von Verhaltensstilen und persönlichen Verhaltensmustern.

Die Gesamtverteilung der individuellen Kompetenzen wird aus dem individuellen *Kompetenzatlas* deutlich, der die Ergebnisse jeweils unter normalen und schwierigen Bedingungen aufzeigt. Die Farben geben dabei jeweils die Kompetenzausprägungen an (Abb. 4.2).

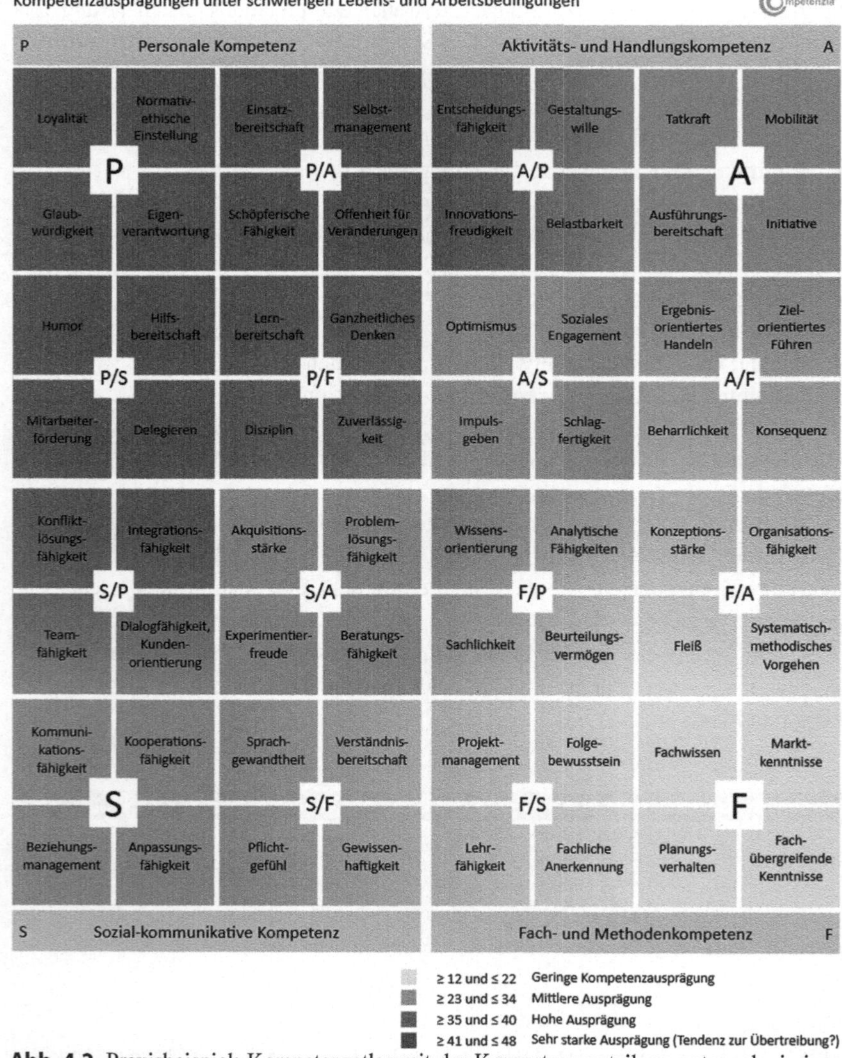

Abb. 4.2 Praxisbeispiel: Kompetenzatlas mit der Kompetenzverteilung unter schwierigen Bedingungen. (Competenzia®)

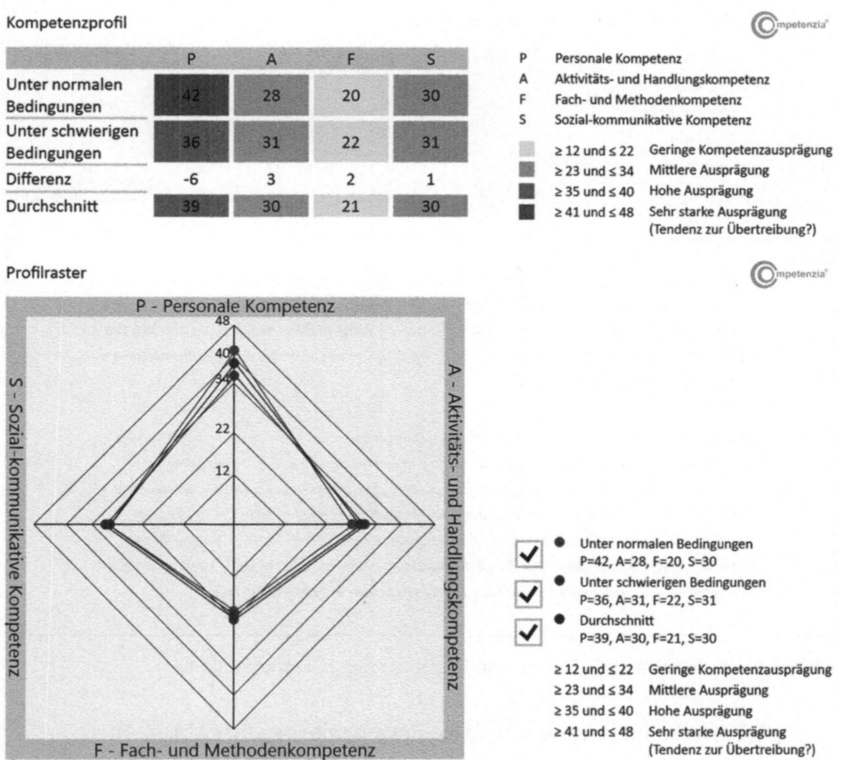

Abb. 4.3 Praxisbeispiel: Ist-Profil unter normalen und unter schwierigen Bedingungen in KODE®. (Competenzia®)

Daraus leitet es ein Ist-Kompetenzprofil des jeweiligen Mitarbeiters unter normalen und unter schwierigen Bedingungen ab. Die folgende Auswertung zeigt deutlich, welche Ausprägungen die einzelnen Kompetenzbereiche haben und wie sich die Ist-Profile unter schwierigen Bedingungen verändern (Abb. 4.3).

In diesem Messsystem gibt es kein Idealprofil, daher ist keine Manipulation der Ergebnisse möglich. Das System beurteilt Kompetenzen nur positiv, nicht negativ.

Auf der Basis der Messergebnisse können Empfehlungen für die Mitarbeiter und Führungskräfte entwickelt werden. Hierbei werden Zeitvergleiche, aber auch Abgleiche von Selbst- und Fremdbild genutzt. Damit können die persönlichen Kompetenzen der erfassten Mitarbeiter, aber auch die Effizienz der Zusammenarbeit gesteigert werden.

S - Sozial-kommunikative Kompetenz (normale Bedingungen)   

	Gering			Mittel			Hoch		
Handlungsideal (HI)						9			
Handlungserwartung (HE)		4							
Handlungsvollzug (HV)					8				
Handlungsresultat (HR)						9			
	3	4	5	6	7	8	9	10	11	12

> *Herr Müller möchte unter normalen Lebens-/Arbeitsbedingungen im Bereich der sozial-kommunikativen Kompetenz Ergebnisse auf mittlerem Niveau erreichen. Diese Handlungserwartungen werden durch mittlere persönliche Werte und Handlungsideale gestützt. Die tatsächlichen Handlungsresultate sind hingegen niedrig und nicht ausreichend. Die Kompetenzbilanz weist somit noch größere Reserven auf.*
>
> *Verbesserungen der eigenen Kompetenzbilanz im Bereich der sozial-kommunikativen Kompetenz könnten einerseits durch eine Erhöhung der Handlungserwartungen und andererseits dadurch erfolgen, dass Herr Müller den eigenen Handlungsvollzug (richtige Handlungsweisen, ausreichend...?) kritisch prüft und ggf. Handlungsänderungen bzw. -verstärkungen (Zeit-, Kraft-, Energieeinsatz) vornimmt. Die bisher bevorzugten Handlungsweisen, der bisherige Zeit-, Kraft-, Energieaufwand, führen noch nicht zum erwünschten Resultat. Es wäre zu prüfen, ob das erwartete Handlungsresultat nicht unter Einsatz anderer Fähigkeiten und Handlungsweisen erreicht werden kann.*

Abb. 4.4 Praxisbeispiel: Vergleich und Interpretation. (Competenzia®)

KODE® verknüpft vier verschiedene Fragen miteinander (Abb. 4.4):

- *Handlungsideal*: Was ist für mich sehr wichtig? Was sollte sein? Wie wichtig ist mir das (im Sinne von Mission, Sinn, Werte)? Was hätte ich am liebsten? Was sollte idealerweise sein?
- *Handlungserwartung*: Was nehme ich mir vor? Was will ich erreichen? Was ist mein Ziel? Was soll passieren?
- *Handlungsvollzug*: Was mache ich? Was investiere ich an Kraft, Zeit, Energie? Wie verhalte ich mich? Worauf nehme ich Einfluss?
- *Handlungsresultat*: Was habe ich erreicht? Welches Resultat nehme ich wahr? Wie bin ich bei anderen angekommen? Wie kompetent sehen mich die anderen?

Weiter entwickelt das System auf Basis der Selbsteinschätzung verschiedene Interpretationsangebote, Reflexionen und Handlungsempfehlungen, die auf Beobachtungen und Interviews von Personen mit im Trend ähnlichen bzw. gleichen Werten zugrunde liegen. Das KODE®-Messsystem basiert vor allem auf Untersuchungen im Rahmen der qualitativen Sozialforschung. Das Verfahren ist deshalb nicht als psychometrischer Test konzipiert. Das Kompetenzmodell, auf dem die Messungen aufbauen, hat sich in der Praxis vielfach bewährt.[10]

Da es keine vergleichbaren Kompetenzermittlungsverfahren gibt und der Kompetenzbegriff mit den integrierten Erfahrungen messmethodisch nur schwer zugängliche Persönlichkeitsmerkmale integriert, können die üblichen Gütekriterien für Erhebungen nur bedingt angewandt werden:

- *Reliabilität*: Die gemittelten Werte sind „hoch" und testgerecht.
- *Objektivität*: Diese Anforderung wird durch eine Vielzahl von Anwendungsanleitungen, Auswertungshilfen, die digitale Auswertung sowie kompetente, zertifizierte Berater sichergestellt.
- *Validität*: Validitätsbestimmungen von echten Kompetenz-Messverfahren sind nur in Ausnahmefällen durchführbar und sinnvoll. Die soziale Validität ist bei der Zielgruppe der anspruchsvollen Personalverantwortlichen und der Berater sehr hoch. Dies ist vor allem auf das Stärken-Management zurückzuführen, das dieser Konzeption zugrunde liegt. Es gibt keine negativen Ausprägungen von Kompetenzen. Es werden lediglich Kompetenzentwicklungsmöglichkeiten ermittelt. Lediglich Übertreibungen von Kompetenzen werden negativ bewertet. So kann beispielsweise eine überzogene Kommunikationskompetenz in „Schwatzhaftigkeit" münden. Untersuchungen zu Einzelaspekten zeigen im Vergleich zu anderen Verfahren weiter, dass eine mittlere bis hohe Konstruktvalidität vorliegt.

Damit ermöglicht KODE® eine erste Sensibilisierung der Mitarbeiter und Führungskräfte für die Notwendigkeit der Kompetenzorientierung und der individuellen Kompetenzentwicklung. Weiter erhalten die Mitarbeiter konkrete Hinweise auf ihre persönlichen Kompetenzentwicklungsmöglichkeiten, so dass sie ihre persönliche Kompetenzentwicklung zielgerichtet planen und steuern können.

4.2 KODE®*X*-Kompetenz-Explorer

KODE®X baut auf dem gleichen Kompetenzmodell auf. Es verfeinert diesen Ansatz durch weiterführende instrumentelle Entwicklungen, insbesondere durch ein unternehmensspezifisches Soll-Profil mit meist 12–16 Kompetenzen für eine bestimmte Funktion, das mit dem Ist-Profil abgeglichen wird.[11]

---

[10] Erpenbeck und von Rosenstiel (2007), S. 489 ff.

[11] Vgl. Heyse (2007), S. 105 ff.

KODE®X vereint Anforderungsanalyse, Soll-Profile sowie Selbst- und Fremd-einschätzungen. Es ist ein hybrides Messsystem, das auf Soll-Kompetenzprofilen basiert. Dabei werden folgende Ziele verfolgt:

- Ermittlung organisationsspezifischer Kompetenzanforderungen von strategi-scher Bedeutung und Ableitung in individuelle Kompetenzanforderungen
- Definition von aufgabenspezifischen Kompetenzanforderungen in Form von Soll-Profilen
- Ermittlung der individuellen Kompetenzausprägungen (Ist-Profile) und Kom-petenzpotenziale
- Vergleich von Soll- und Ist-Profilen
- Ableitung der individuellen Kompetenzentwicklungsmöglichkeiten
- Definition individueller Kompetenzentwicklungsziele
- Kompetenz-Zertifizierung

Die Entwicklung und Einführung eines bedarfsgerechten Kompetenzmodells er-folgt in drei Phasen:[12]

1. *Modellierungsphase*: In einem Workshop mit der oberen Führung werden grundlegende Kompetenzanforderungen aus der Unternehmensstrategie abge-leitet. Daraus leitet sich die Entscheidung über das Kompetenzmodell und -messsystem ab.
2. *Identifikationsphase*: In einem Workshop mit ausgewählten Fach- und Füh-rungskräften unter kompetenter Moderation werden die Soll-Profile für die einzelnen Aufgabenbereiche oder Tätigkeitsprofile definiert (Abb. 4.5). Dies erfolgt in mehreren Schritten:
   - Präzisierung der wesentlichen strategischen Anforderungen an die Zielgruppe
   - Identifikation der 12 – 1 wesentlichen Kompetenzen für einzelne Zielgruppen
   - Unternehmensspezifische Definition der Kompetenzen
   - Definition der angestrebten Ausprägungsgrade der einzelnen Kompetenz
   - Anpassung der Fragenkataloge zur Kompetenzmessung

Die Soll-Profile werden grafisch in Form von Zielkorridoren dargestellt, welche die erforderlichen Kompetenzausprägungen für bestimmte Funktionen transparent machen (Abb. 4.6).

3. *Validierungsphase*: Die individuellen Kompetenzmessungen auf Basis von netzgestützten, handlungsorientierten Fragebögen erfolgen in Form von Selbst-

---

[12] Vgl. North und Reinhard (2005).

Einschätzungsskala

	weniger ausgeprägt	teilweise ausgeprägt	ausgeprägt	deutlich ausgeprägt	stark ausgeprägt	sehr stark ausgeprägt	übermäßig ausgeprägt

1. Organisationsfähigkeit	1	2	3	4	5	6	7	8	9	10	11	12
2. Entscheidungsfähigkeit	1	2	3	4	5	6	7	8	9	10	11	12
3. Dialogfähigkeit, Kundenorientierung	1	2	3	4	5	6	7	8	9	10	11	12
4. Planungsverhalten	1	2	3	4	5	6	7	8	9	10	11	12
5. Marktkenntnisse	1	2	3	4	5	6	7	8	9	10	11	12
6. Kommunikationsfähigkeit	1	2	3	4	5	6	7	8	9	10	11	12
7. Gewissenhaftigkeit	1	2	3	4	5	6	7	8	9	10	11	12
8. Loyalität	1	2	3	4	5	6	7	8	9	10	11	12
9. Folgebewusstsein	1	2	3	4	5	6	7	8	9	10	11	12
10. Selbstmanagement	1	2	3	4	5	6	7	8	9	10	11	12
11. Beratungsfähigkeit	1	2	3	4	5	6	7	8	9	10	11	12
12. Analytische Fähigkeiten	1	2	3	4	5	6	7	8	9	10	11	12
13. Wissensorientierung	1	2	3	4	5	6	7	8	9	10	11	12
14. Beurteilungsvermögen	1	2	3	4	5	6	7	8	9	10	11	12
15. Ergebnisorientiertes Handeln	1	2	3	4	5	6	7	8	9	10	11	12
16. Konzeptionsstärke	1	2	3	4	5	6	7	8	9	10	11	12

Hinweis:

- Je Teilkompetenz bitte einen Sollkanal von mindestens drei Feldern und maximal fünf Feldern durch Ankreuzen markieren (z. B. 3-5 oder 6-10).

- Die Werte 1 und 12 dürfen nicht im Sollkanal enthalten sein. Diese sind den Einschätzungen vorbehalten.

Abb. 4.5 Praxisbeispiel: Matrix zur gemeinsamen Entwicklung eines Soll-Profils. (Competenzia®)

und Fremdeinschätzungen. Die Selbsteinschätzung des Mitarbeiters (90°) kann sukzessive um Bewertungen der Lernpartner (180°), des Trainers (270°) und der Führungskraft (360°) erweitert werden, so dass sich das Bild über die Kompetenzen des Mitarbeiters immer mehr verdichtet.

Die Auswertung erfolgt auf Basis der Soll-Profile. Die einzelnen Messungen werden durch unterschiedliche Symbole verdeutlicht, so dass evtl. Abweichungen der verschiedenen Messungen deutlich werden (Abb. 4.7).

Diese Darstellung bietet eine sehr gute Basis zur Bewertung der aktuellen Kompetenzausprägungen, die für die Aufgaben des Mitarbeiters relevant sind. In einem Beratungsgespräch mit einem KODE®X-Experten werden die Ergebnisse gemeinsam analysiert und bewertet. Auf dieser Grundlage kann wiederum eine gezielte, individuelle Kompetenzentwicklungsplanung erfolgen.

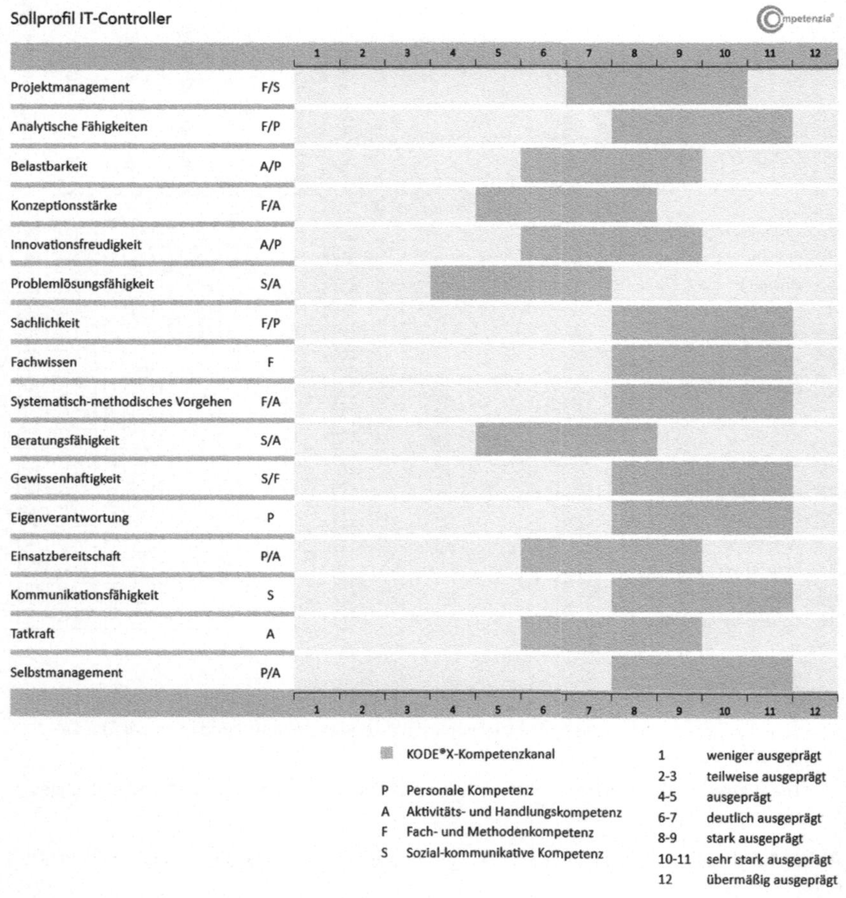

Abb. 4.6 Praxisbeispiel: Soll-Profil. (Competenzia®)

In Kombination mit den Ergebnissen aus KODE® kann weiter ein Abgleich mit dem Kompetenzprofil des Mitarbeiters vorgenommen werden. Auf diese Weise kann beurteilt werden, ob der Mitarbeiter die Anforderungen seiner jetzigen bzw. zukünftigen Aufgabe erfüllt. Gemeinsam mit ihm wird dann ermittelt, welche Kompetenzentwicklungsmöglichkeiten bestehen und wie die individuelle Kompetenzentwicklungsstrategie zu definieren ist. In einem Qualitätshandbuch werden die Anforderungen ausführlich beschrieben. Sie sind somit transparent und jederzeit erneut verwendbar.

KODE®X ist kein Verfahren, das völlig objektiv ist, weil die Soll-Profile aus der Unternehmensstrategie abgeleitet werden und eine Vielzahl an Verfahren und Instrumenten integriert werden. Mit Expertenratings, professionell moderierten

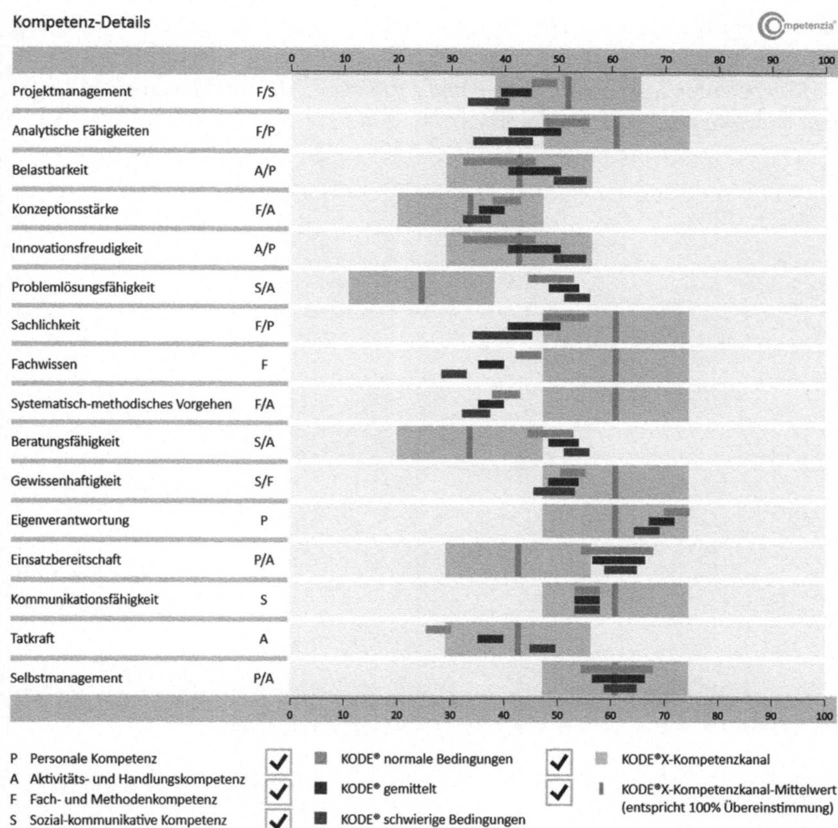

Abb. 4.7 10 Praxisbeispiel KODE®X-Soll-Ist-Vergleich. (Competenzia®)

Einschätzungen auf Entwicklungsprozessen in Entscheiderteams und Kompetenz-einschätzungen aus verschiedenen Blickwinkeln sowie Vergleichsprofilen anderer Tätigkeiten in der Praxis werden jedoch Aussagen mit einer hohen Objektivität möglich. Auch hier ist die soziale Validität bei der Zielgruppe der anspruchsvollen Personalverantwortlichen und der Berater sehr hoch.

Dieses Kompetenz-Messverfahren nutzt die Fähigkeit des menschlichen Gehirns zur „Indikatorenverschmelzung", d. h. zur automatischen Integration einer Vielzahl von Einzelindikatoren, die sich in ihrer Wirkung in einer fast unentwirrbaren Weise verstärken, aufheben oder sonst in Wechselwirkung treten.[13] Kein anderes psychologisch-soziologisch-pädagogisches Messverfahren kommt so nah an

---

[13] Langer und Schulz von Thun (1974/2007), S. 20.

die Ergebnisrealität von Menschen und deren alltäglich zur Lebensbewältigung praktiziertes Einordnen ihrer Umwelt heran wie die Rating-Methode.[14]

Kompetenzen lassen sich messen und zertifizieren. Damit können sie auch gezielt entwickelt und gemanagt werden.

---

[14] Ebenda, S. 10, 22.

Was Sie aus diesem Essential mitnehmen können

- Eine Einschätzung der Ziele der Kompetenzmessung als notwendige Voraussetzung für eine gezielte Kompetenzentwicklung im Prozess der Arbeit und im Netz.
- Die Begründung dafür, warum Persönlichkeitstests nicht geeignet sind, Kompetenzen zu messen.
- Die Erkenntnis, dass der Königsweg zur Kompetenzmessung die Kombination qualitativer und quantitativer Verfahren (hybrides Verfahren) ist.
- Eine Einschätzung von Kompetenz-Messverfahren anhand von bewährten Qualitätskriterien für Kompetenz-Messverfahren.
- Einen Erfahrungsbericht zu einer umfassenden Konzeption der Kompetenzmessung in einem hybriden Verfahren.

© Springer Fachmedien Wiesbaden 2016
W. Sauter, A.-K. Staudt, *Kompetenzmessung in der Praxis*, essentials,
DOI 10.1007/978-3-658-11904-1

Literatur

Arnold, R., & Erpenbeck, J. (2014). *Wissen ist keine Kompetenz*. Baltmannsweiler: Schneider Hohengehren.

bmbf (2007). *Bildungsforschung Bd. 20. Möglichkeiten und Voraussetzungen technologiebasierter Kompetenzdiagnostik*. Bonn: BMBF.

Erpenbeck, J. (2009). Was „sind" Kompetenzen? In W. Faix & M. Auer. (Hrsg.), *Kompetenz, Persönlichkeit, Bildung* (S. 79–136). Stuttgart: Steinbeis.

Erpenbeck, J., & Hasebrook, J. (2011). Sind Kompetenzen Persönlichkeitseigenschaften? In W. G. Faix (Hrsg.), *Kompetenz*. Festschrift Prof. Dr. John Erpenbeck zum 70. Geburtstag (S. 59–94). Stuttgart: Steinbeis.

Erpenbeck, J., & Heyse, V. (1999). *„Die Kompetenzbiographie. Strategien der Kompetenzentwicklung durch selbstorganisiertes Lernen und multimediale Kommunikation*. Münster: Waxmann.

Erpenbeck, J. & v. Rosenstiel, L. (2007). *Handbuch Kompetenzmessung. Erkennen, verstehen und bewerten von Kompetenzen in der betrieblichen, pädagogischen und psychologischen Praxis* (2. Aufl.). Stuttgart: Schaeffer Poeschel.

Erpenbeck, J., & Sauter, W. (2007). *Kompetenzentwicklung im Netz. New Blended Learning mit web 2.0*. Köln: Luchterhand.

Erpenbeck, J., & Sauter, W. (2013). *So werden wir lernen! Kompetenzentwicklung in einer Welt fühlender Computer, kluger Wolken und sinnsuchender Netze*. Springer Berlin Heidelberg: New York.

Esser, M. (1998). Selbsturteile. In W. Sarges (Hrsg.), *Managementdiagnostik* (S. 649–655). Hogrefe Göttingen.

Heyse, V. & Erpenbeck, J. (2007). KompetenzManagement. Methoden, Vorgehen, KODE® und KODEX® im Praxistest. Münster: Waxmann.

Hohenstein, A. (2007). Das CeKom® Verfahren. In J. Erpenbeck & von L. Rosenstiel (Hrsg.), *Handbuch Kompetenzmessung. Erkennen, verstehen und bewerten von Kompetenzen in der betrieblichen, pädagogischen und psychologischen Praxis* (S. 332 ff). Stuttgart: Schaeffer Poeschel.

Hossip, R., & Mühlhaus, O. (2005). *Personalauswahl und -entwicklung mit Persönlichkeitstests*. Göttingen: Hogrefe.

Kauffeld, S. (2006). *Kompetenzen messen, bewerten, entwickeln. Ein prozessanalytischer Ansatz für Gruppen*. Stuttgart: Schaeffer Poeschel.

© Springer Fachmedien Wiesbaden 2016

W. Sauter, A.-K. Staudt, *Kompetenzmessung in der Praxis*, essentials,
DOI 10.1007/978-3-658-11904-1

Langer, I. & Schulz von Thun, F. (2007). *Messung komplexer Merkmale in Psychologie und Pädagogik*. Ratingverfahren. Münster: Waxmann.

Lang-von Wins, T. (2005). Grundlagen einer lernenden Kompetenzbeurteilung in Unternehmen. In U. G. Barth, A. Sandor, & C. Triebel (Hrsg.), *Kompetenzmessung im Unternehmen* (S. 453–600). Münster: Waxmann.

Lang-von Wins, T. (2007). Die Kompetenzhaltigkeit von Methoden moderner psychologischer Diagnostik-, Personalauswahl- und Arbeitsanalyseverfahren sowie aktueller Management-Diagnostik-Ansätze. In J. Erpenbeck & von L. Rosenstiel (Hrsg.), *Handbuch Kompetenzmessung. Erkennen, verstehen und bewerten von Kompetenzen in der betrieblichen, pädagogischen und psychologischen Praxis* (S. 758–791). Stuttgart: Schaeffer Poeschel.

Lang-von Wins, T. (2009). Biografiegestützte Kompetenzdiagnose. In W. G. Faix & M. Auer (Hrsg.), *Talent. Kompetenz. Management*. Stuttgart: Steinbeis.

McClelland, D. C. (1973). *Testing for competence rather than for „Intelligence"*. Cambridge: Harvard University.

North, K. & Reinhardt, K. (2005). *Kompetenzmanagement in der Praxis - Mitarbeiterkompetenzen systematisch identifizieren, nutzen und entwickeln. Mit vielen Fallbeispielen*. Wiesbaden: Gabler.

Ortmann, S. (2012). Competenzia. Infrastruktur zur Kompetenzmessung und -entwicklung. In Festschrift Prof. Dr. Erpenbeck zum 70.Geburtstag (S. 235–246). Stuttgart.

Pawlowsky, P., Menzel, U., & Wilkens, U. (2005). Wissens- und Kompetenzerfassung in Organisationen. In Arbeitsgemeinschaft Betriebliche Weiterbildungsforschung e. V (Hrsg.), *Kompetenzmessung im Unternehmen* (S. 341–452). Münster: Waxmann.

Sauter, W., & Sauter, S. (2014). *Workplace Learning. Integrierte Kompetenzentwicklung mit kooperativen und kollaborativen Lernsystem*. Heidelberg: Springer Gabler.

Schuler, H. (2006). *Lehrbuch der Personalpsychologie* (2. Aufl.). Hogrefe Göttingen.

Seipel, K. (2010). Die Kompetenzenbilanz. Das Modell des Zukunftszentrums Tirol. In MAGAZIN erwachsenenbildung.at. Das Fachmedium für Forschung, Praxis und Diskurs. Ausgabe 9. Wien.

Stark, G. (2009). *Kompetenzermittlung im Rahmen der betrieblichen Bildung, Zentrum für betriebliches*. Nürnberg: Weiterbildungsmanagement.

Von Rosenstiel, L. (2000). Potentialanalyse und Potentialentwicklung. In von L. Rosenstiel, T. Lang-von Wins (Hrsg.), *Perspektiven der Personalbeurteilung*. Göttingen: Hogrefe.

Wirtz, M., & Caspar, F. (2002). *Beurteilerübereinstimmung und Beurteilerreliabilität*. Göttingen: Hogrefe.

Zey, M. (2009) *Kompetenzmessung. Zukunft sichern durch geeignete Mitarbeiterauswahl in Profit und Non-Profit Unternehmen*. Hamburg: Diplomica.